Mi Vida

con los

Ángeles

Si este libro le ha interesado y desea que lo mantengamos
informado de nuestras publicaciones, puede escribirnos a
comunicacion@editorialsirio.com,
o bien registrarse en nuestra página web:
www.editorialsirio.com

Diseño de portada: Editorial Sirio, S.A.

© de la edición original
Gloria Alonso Mora

© de la presente edición
EDITORIAL SIRIO, S.A.

EDITORIAL SIRIO, S.A.	NIRVANA LIBROS S.A. DE C.V.	ED. SIRIO ARGENTINA
C/ Rosa de los Vientos, 64	Camino a Minas, 501	C/ Paracas 59
Pol. Ind. El Viso	Bodega nº 8,	1275- Capital Federal
29006-Málaga	Col. Lomas de Becerra	Buenos Aires
España	Del.: Alvaro Obregón	(Argentina)
	México D.F., 01280	

www.editorialsirio.com
sirio@editorialsirio.com

I.S.B.N.: 978-84-7808-967-3
Depósito Legal: MA-1209-2014

Impreso en IMAGRAF

GLORIA ALONSO

Mi Vida
con los

Ángeles

editorial  irio

A José,
a Esther y a Marta,
mis grandes amores.
Gracias por existir.

Estoy inmensamente agradecida a muchas personas: familiares, amigos, alumnos y colaboradores. Pero especialmente a mis queridos amigos Juan Ignacio Cuesta, Jesús Callejo, Josep Guijarro y Lorenzo Fernández.

Gracias a todos por vuestra ayuda incondicional.

Dedicatoria especial

A Miguel, mi Ángel y Maestro por sus enseñanzas, su paciencia y su amor.

Prólogo

Siempre he pensado que escribir un libro era una tarea sumamente complicada. Sobre todo, cuando se trata de plasmar en un papel una parte importante de la vida de su autor. Faltan palabras para expresar ideas, vivencias, sentimientos... y es difícil conseguir ese punto de equilibrio en el que, con pocas palabras, se aclaren aquellos conceptos que se pretenden transmitir.

Este libro carece de pretensiones. El motivo fundamental que me impulsó a escribirlo fue compartir algunas experiencias que han marcado mi vida transformándola y ampliándola para mejor.

La poca o mucha riqueza interior que he ido acumulando a lo largo de los años no es exclusivamente de mi propiedad, no debe ser guardada, ya que no sería muy útil. Tardé mucho tiempo en entender que era el momento. Este es el principal motivo del libro que tienes entre tus manos. Deseo que su contenido te ayude tanto como a mí.

Introducción

Hace más de veinte años escuché a una persona hablar de Ángeles. Nunca podré olvidar aquella soleada tarde de primavera madrileña. Me encontraba tomando café con un pequeño grupo de amigos en una cafetería del centro, cuando uno de ellos comentó algo sobre la existencia de los Ángeles. Fue un breve comentario, sin más, pero para mí se paró el tiempo. Algo estalló en mi interior; el estómago y el corazón me dieron un brinco a la vez. Era como si de pronto recibiera la respuesta a esa pregunta tan postergada, como si viera la luz por primera vez después de años de absoluta oscuridad.

Lo más curioso es que nunca antes había pensado especialmente en los Ángeles. Ni siquiera reparaba demasiado en ellos al contemplarlos en pinturas o esculturas; por lo tanto, esa respuesta interna mía me llamó poderosamente la atención por lo inesperada. No es que sea una incrédula, pero sí tengo por costumbre razonar lo que no entiendo buscándole siempre la explicación más lógica, y aquello me pilló desprevenida.

A partir de aquella tarde comenzó una progresiva transformación desde el interior. Me sentía más consciente, más receptiva, expectante, distinta… hasta que una mañana, en la que me encontraba plenamente dedicada a los quehaceres de mi hogar, oí una voz serena y profunda que resonaba en mi interior repitiendo un nombre: «Miguel»… A pesar de haber estado años practicando la meditación y de cierto desarrollo psíquico desde muy joven, no supe cómo reaccionar.

El sentimiento que me embargaba era tan grandioso que temí que mi pecho estallara de amor. Me envolvía un gran silencio; al mismo tiempo una dulce sensación de alegría y de reconocimiento se apoderaba de mí. Era él, mi Ángel, el que me hablaba desde lo más profundo de mi ser, y yo solo pude escucharle confiada, extasiada, inmersa en su grandiosa aura de luz. El tiempo dejó de existir, aunque fueron los minutos más intensos de mi vida. Nunca he vuelto a sentir nada igual, pero su recuerdo permanece vivo en mi corazón desde entonces.

Los años han ido pasando y las comunicaciones angélicas no solo no han terminado, sino que han aumentado. A veces sus visitas y mensajes son frecuentes y otras más espaciados. Lo que enseguida aprendí, a través de sus enseñanzas, fue que la importancia de esta «relación» humano-angélica se basa en una colaboración mutua para el avance y el desarrollo de nuestra conciencia creadora.

Todos sus comunicados son una forma de enseñanza, para ayudarnos a llegar a ser conscientes de nuestra verdadera identidad divina.

Con el fin de colaborar activamente con los Ángeles, comencé a impartir talleres de fin de semana y clases de meditación consciente para ayudar al despertar espiritual de las personas que lo deseaban. Todo ello sin ánimo de lucro, pero la falta de remuneración económica trajo consigo la mejor de las ganancias: el amor desinteresado, la amistad, la alegría, la lucidez, incluso la salud de la que disfrutamos tanto yo como mi familia.

Por mis talleres de crecimiento espiritual han pasado muchas personas, y todas me han enseñado mucho más que yo a ellas. Desde estas líneas quiero agradecer su aportación a mi propio crecimiento interior.

Los talleres fueron concebidos para acercar a las personas no solo a los Ángeles, sino a sí mismas, a su interior más profundo pues es, desde ahí, desde donde podemos conectar con la esencia angélica.

Para llevar a cabo este trabajo tengo la suerte de contar con la inestimable ayuda de mi pareja espiritual y padre de mis hijas —no podría abarcar tanto sin su colaboración—. El amor incondicional que me da mi familia colma todas las necesidades afectivas y energéticas que pudiera tener.

Este libro contiene algunas de las muchas comunicaciones que, a lo largo de los años, he ido recibiendo. Son enseñanzas que pueden servir para todos y ser aplicadas en diferentes momentos de la vida. Lo importante es que cada cual les dé su particular interpretación, aquella que entienda y le resulte útil en su presente.

Al final de cada una de estas comunicaciones escribo una reflexión mía con el fin de incentivar el estudio del contenido del mensaje, pero ello no significa que sea la única reflexión que pueda sacarse de su lectura.

Hace un par de años me sugirieron que compartiese esta información. Yo me resistía, alegando falta de tiempo y preparación para ello. Pero, en realidad, lo único que me impedía escribir era el miedo. La personalidad es temerosa y siempre trata de eludir las acciones que entrañan una cierta responsabilidad. Cuando fui capaz de darme cuenta, el miedo se esfumó y dio paso a la ilusión de comunicar y, sobre todo, de compartir este gran regalo que tanto me ha ayudado a vivir desde otra perspectiva, más humana y tolerante. Con el deseo de que también puedan ayudar a otras personas en su avance espiritual, transcribo algunas de las lecciones de vida que los Ángeles compartieron conmigo con ese inmenso amor y delicadeza que les caracteriza.

Aprendiendo a crecer

Como seres humanos en evolución tenemos aún muchas imperfecciones, pero como seres espirituales somos casi perfectos. La colaboración angélica en nuestras vidas tiene como objetivo ayudarnos al despertar de la conciencia a través de la imperfecta naturaleza humana. Una ayuda es solo una colaboración; no significa que tomen las riendas de nuestras vidas en sus manos para decidir cómo y qué debemos hacer en cada momento, pues eso es asunto exclusivamente nuestro. Sin embargo, muchas personas piensan que los Ángeles están a nuestro servicio para todo, incluyendo las cuestiones más nimias... y no es así, porque si lo fuera, ¡qué poco creceríamos!

Actualmente hay muchos libros escritos sobre Ángeles. Desde hace algunos años parece que estén de moda. Los vemos por todas partes, no solo en publicaciones, también en ropas, vajillas, cuadros, lámparas, figuritas, etc. El mundo angélico ha tomado un fuerte auge últimamente, y no es nada casual; es muy posible que la mente humana esté más receptiva a esta influencia celestial justo en esta época y por eso surjan este tipo de manifestaciones.

Los Ángeles son los creadores de la forma. Todo lo que existe lleva la esencia de la Energía Suprema y además, para su manifestación, el trabajo de los Ángeles.

Se dice que existen diferentes planos de vida o de conciencia y en cada uno de estos planos un grado distinto de vibración.

De menor a mayor grado de vibración encontramos: Devas o Ángeles de la naturaleza, Ángeles, Arcángeles, Principados, Potestades, Virtudes, Dominaciones, Tronos, Querubines y Serafines. Cada uno de ellos representa diferentes estados de evolución angélica. Los más cercanos a los seres humanos son los Ángeles y Arcángeles.

Señales y Experiencias

Durante todos estos años, conviviendo con los Ángeles, he tenido muchas señales procedentes de ellos.

Me gustaría compartir alguna de ellas contigo, si me lo permites...

El hombre del abrigo beige

Fue en primavera. Aprovechando unos días festivos, mi marido, mi hija Esther, una amiga de ella y yo hicimos un viaje a Praga. Teníamos muchas ganas de conocerla y, puesto que mi hija domina el inglés, decidimos ir por nuestra cuenta.

Hicimos turismo casi sin parar. La ciudad nos gustó mucho en general, pero concretamente el barrio judío y su cementerio nos llamó poderosamente la atención. Allí se respira otra energía —o eso me pareció— y la sensación que se apoderó de mí fue de una extraña tristeza. Si tuviera que definir qué me transmitió diría, sin lugar a dudas que, como parte de su belleza, me transmitió melancolía.

Lo que nunca podré olvidar fue la experiencia que vivimos José y yo el último día de nuestra estancia allí. La noche anterior a nuestra partida, mi hija y su amiga tuvieron que volver a España por cuestiones de trabajo. Nosotros dos nos quedamos solos durante ese último día en un lugar donde no conocíamos el idioma; tampoco hablamos inglés y en aquel momento todavía no estaba establecido el euro como moneda de cambio, solo lo aceptaban en unos pocos establecimientos.

Seguimos haciendo turismo por la ciudad durante toda la mañana, pero en la mente teníamos una preocupación: ¿qué pasaría a la hora de comer? ¿Cómo nos entenderíamos para pedir la comida y para pagar la cuenta? ¿A dónde podríamos ir que fuera sencillo para unos extranjeros como nosotros?... De eso estábamos hablando cuando caminábamos por una estrecha calle del centro abarrotada de tiendas con las marionetas típicas de Praga. Desde una calle, que confluía en diagonal a la nuestra, un señor muy pulcramente vestido con un abrigo largo de color beige y sombrero del mismo tono nos hacía señas con la mano para que nos acercáramos, al tiempo que nos llamaba con un «¡Eh, eh!».

José y yo nos miramos un poco extrañados, pues no sabíamos si se refería a nosotros. Cuando pudimos comprobar que sí, pues no había nadie más detrás, decidimos acercarnos por si necesitaba algo.

Nada más llegar a su altura se inclinó, como haciendo una reverencia ante mí, llamándome «señora» en español pero con un acento extraño y una voz suave y aterciopelada.

Tenía unos clarísimos ojos azules, una amable sonrisa y una expresión sumamente bondadosa. Habló muy poco, solo nos señaló un gran escaparate con cristales ahumados y nos recomendó pasar diciendo que era «*beautiful*», «*como museo del Prado*». Inmediatamente nos dimos cuenta de que el establecimiento era un restaurante. En ese momento, salió un camarero con un atril que colocó en la entrada y pudimos ver que tenían menús y aceptaban euros como pago. Nos pusimos tan contentos que casi nos olvidamos del anciano señor que estaba parado en la acera escuchando divertido nuestra conversación sobre si entrar a comer allí o no. Cuando finalmente nos decidimos, aquel hombre nos sonrió, nos dijo simplemente «adiós» y se marchó deprisa calle arriba.

Despreocupados, pasamos al restaurante y, justo al entrar, nos quedamos los dos sin habla. En el hall de entrada había un gran cuadro de Ángeles que custodiaban el nombre del local, que se llamaba «¡Los siete Ángeles!»… Pero ahí no se acababan las sorpresas: todo el restaurante estaba lleno de figuras, cuadros, lámparas y todo tipo de alegorías sobre seres angélicos.

En aquel preciso momento recordamos al bondadoso señor de beige que nos llamó para que entráramos en ese maravilloso lugar. Nos dimos cuenta de que lo que había ocurrido no era algo casual. Comprobamos, entre escalofríos de alegría, que nunca estamos solos, que todo se encuentra conectado, que los Ángeles siempre tratan de hacernos la vida fácil y feliz, si les damos permiso para ello.

Comimos de maravilla, felices, pero a la vez un poco tristes por no haber sabido aprovechar la oportunidad de conocer más conscientemente a aquel «señor» tan angelical.

A la hora de pagar no hubo problema y la cuenta llegó en una tarjeta con la foto de los Ángeles de Rafael, la misma imagen que yo utilizaba para anunciar los talleres de Ángeles en aquella época. ¡Todo eran señales! El regreso a casa transcurrió felizmente.

Mensajes de Miguel

Entre el cielo y la Tierra existe un lugar sin límites ni tiempo donde las almas se comunican, se entienden y acuerdan pactos.

El ego, ignorante, observa la sensación de que algo ilimitado se extiende y envuelve a la materia con una cálida energía de amor y de luz. Es la comunicación angélica, y esa amorosa energía ha de ser compartida para vivirla de forma más intensa y así poder experimentar el amor en su más pura manifestación.

COMENTARIO: en este escrito, Miguel hace referencia a un «lugar» o nivel de conciencia situado entre el cielo y la Tierra, donde las almas llegan a los acuerdos necesarios para, más adelante, colaborar juntas. Nuestra personalidad o ego ignora esta relación interior, pero nuestra alma sabe cuándo ha llegado el momento de la acción, sabe interpretar las señales y sobre de qué forma debe participar en la vida a partir de ese instante.

Si los Ángeles viven para colaborar con nosotros, nosotros no podemos quedarnos atrás... ¿Qué podemos hacer?... Compartir.

Y no hay mejor don para compartir que el Amor.

Aquí, desde nuestro espacio, pensando en vosotros y en vuestros problemas envueltos entre las nieblas del miedo y la sinrazón, nos sensibilizamos con vuestro sentir.

Quizás os sirva este mensaje de esperanza, quizás os sirva saber que estamos vinculados espiritualmente y desde este vínculo os insuflamos fuerza y ánimo de forma constante.

A veces no nos oís cuando os hablamos, no sentís nuestras caricias. A veces no podemos llegar a vosotros para consolar vuestras penas aunque lo intentemos... Pero vamos a seguir insistiendo hasta que algún día nos permitáis compartir vuestras vidas.

¡Hay tanta belleza, tanta armonía en el interior de los seres humanos y está tan desaprovechada...!

El tiempo de la sensibilización ya ha comenzado y el cambio se está dando día a día. Ese cambio va acercando, a las personas y a sus egos, a la parte más sublime de cada uno, a su Ser espiritual.

Cuando esa parte inmortal tan sensible y sutil se reafirme y se una a la personalidad humana, la vida cobrará su sentido verdadero. El miedo, el dolor y la culpa desaparecerán.

Porque la vida será conciencia pura, cambiará radicalmente la actitud de las personas.

Confiad y abrid el corazón y la mente a los cambios que la vida os traiga con esperanza, alegría y grandes dosis de comprensión.

Siempre vuestro

COMENTARIO: en nuestro vivir cotidiano, inmersos como estamos en nuestras ocupaciones y problemas, no somos capaces de percibir nada más, fuera de la confusión o el dolor del momento.

Los Ángeles siempre están a nuestro lado, forman parte de nuestro Ser interior, son entidades que cuidan y sirven a nuestra Divinidad interna, pero la barrera de nuestra personalidad nos aísla y obstaculiza cualquier contacto.

Es importante volver a confiar. Tener confianza en la vida, en nosotros mismos, en las personas, en el amor, en nuestros Ángeles... La confianza atrae milagros a nuestra vida y participa activamente en la solución de los problemas.

No es difícil, el mundo angélico y el humano pueden comunicarse. La vida cotidiana está llena de signos, de señales y llamadas de atención procedentes del reino angelical.

Para establecer contacto solo has de abrir las puertas blindadas de tu corazón y permitir que ese espacio sagrado se mantenga limpio y brillante para albergar a tu protector incondicional.

Un corazón cerrado es una fuente inagotable de desdicha. Al abrirlo, podrás contemplar la maravillosa realidad que contiene en su interior.

A través de sus puertas, la energía angélica llegará a ti como una suave brisa de alegre calidez. Siempre desde lo más profundo de tu ser, siempre desde ese centro donde anida el único sentimiento universal: el Amor Supremo.

La luz que lo ilumina es la esperanza.
La energía que lo forma es el amor.
La magia que lo envuelve es la alegría.

Esperanza, amor y alegría duermen en tu corazón. Permítenos pasar, danos cobijo, vivamos fusionados y colaboremos juntos para expandir la Luz en el mundo.

Con amor

COMENTARIO: este es un mensaje de esperanza y a la vez una invitación sutil a la relación humano-angélica a través de la apertura y purificación del corazón, algo que, en la sociedad materialista en la que vivimos, resulta complicado, aunque no imposible.

Encuentro en El Escorial

En otra ocasión, un grupo de meditadores nos reunimos en El Escorial para llevar a cabo una meditación de servicio dirigida al planeta. Nada más empezar, me sentí agradecida de estar allí, pues la energía del lugar era muy intensa y agradable. En esas estaba cuando oí a Miguel, que me invitaba a mirar al cielo; era un atardecer de principios de verano con un cielo despejado y sin una sola nube. Alcé la vista y de repente comenzaron a aparecer pequeñas nubes, como pedacitos de algodón, y con gran rapidez formaron un nombre en el cielo, el nombre de Miguel. Durante unos segundos me quedé sin reaccionar, pero inmediatamente después avisé con la mano a José, que se encontraba a mi lado, y él también pudo ver aquella prodigiosa formación de nubes. Tan rápido como se formó, desapareció, dejándome inmersa en un estado de exaltación tan grande que no pude concentrarme en la meditación de aquella tarde. Me levanté del círculo de meditadores y me alejé un poco para poder disfrutar de la experiencia vivida, en soledad. No tengo palabras para describir mis sentimientos en aquel momento. La comunicación angélica llena tanto por dentro que no necesitas nada más y cuando la experimentas, te encuentres donde te encuentres, sientes que es el lugar ideal.

Mensaje de un Ángel de paz

Para un momento tu actividad diaria, calma tu mente, relaja tu cuerpo, respira y siente cómo suavemente vas siendo inundado por una nueva energía. Una suave, dulce y cálida energía que llega hasta ti produciendo un embriagador sentimiento de paz, beatitud y dicha.

Deja que tu persona descanse en esta energía procedente de tu Ser y permítete ser alimentado por ella.

Necesitas alimento espiritual para poder crecer internamente. De la misma manera que tu cuerpo se desarrolla gracias a los alimentos, tu alma también desea ser nutrida.

Recibe y aprovecha esta vigorizante energía, aliméntate con ella y crece cada día un poco más.

Este bendito sustento no tendrá nunca fin.

COMENTARIO: los nutricionistas nos aconsejan que para lograr una buena salud y una buena digestión, comamos en calma, preferiblemente en silencio y en un ambiente tranquilo y distendido. En este consejo angélico tratan de transmitirnos la misma idea pero con otro enfoque: para alimentar el alma también debemos rodearnos de un espacio pacífico, silencioso, de una mente en calma y emocionalmente en armonía. De esta forma crecerán ambas polaridades por igual.

Un saludo en la noche

Una noche, me encontraba profundamente dormida cuando me despertó un zumbido intenso. Cuando abrí los ojos, oí que me llamaban por mi nombre –por supuesto, en la habitación únicamente estábamos José, mi marido, que dormía plácidamente, y yo–. La misma voz me dijo que saliera a la terraza. Así lo hice, y una vez allí, oí de nuevo aquella voz, que me decía: ***«Estamos aquí»***. En ese momento una gran esfera de luz blanca muy intensa apareció de la nada y surcó el cielo estrellado delante de mis ojos, y al cabo de un corto espacio de tiempo se apagó. Me hizo gracia la situación, era como si una mano invisible hubiera encendido y apagado un interruptor cósmico... ¡Qué ocurrentes y divertidos son mis guías!... Di las gracias por aquel «saludo» tan peculiar y volví a la cama con una sonrisa en los labios.

Mensaje de Miguel

Los Ángeles somos pensamientos de Dios con forma, actuando como guía y consuelo para los seres encarnados, recordándoles su procedencia y aliviándoles de la desconexión temporal de su Esencia.

¡Allá donde estéis, un pensamiento de Dios estará con vosotros!

¡Abríos a ese pensamiento y formad parte de él!

Solo entonces sentiréis de nuevo la fuerza de vuestra Fuente de Vida inundando completamente vuestro Ser, y solo entonces sabréis lo que es un Ángel.

COMENTARIO: los pensamientos de Dios también están en nosotros, solo que todavía no sabemos mirar en la dirección correcta. Los Ángeles nos ayudan, con su Luz, a ver más allá de nuestra realidad.

Son muchas las experiencias que a lo largo de estos años he vivido. Experiencias que me han llevado a plantearme muchas veces si todo aquello era «real» o creaciones de mi imaginación. En la actualidad ya no me cuestiono nada, simplemente lo disfruto, pero a la vez trato de mantener una actitud expectante y de utilizar el sentido común en cualquier situación de la vida.

Mi familia ha colaborado muchísimo conmigo, demostrándome su apoyo desde el principio. Ellos también han tenido sus experiencias particulares y esto nos ayuda a todos a compartir juntos esta vida en la que hemos elegido unirnos como familia, tanto humana como espiritual. Muchas veces me dicen que soy una privilegiada por esto, y yo siempre contesto: «Sí que lo soy». Tengo una familia maravillosa a la que adoro y estoy muy agradecida por ello.

Viajando acompañados

En otra ocasión, mi pareja y yo viajábamos en nuestro coche decididos a pasar un descansado fin de semana en un lugar al que íbamos por primera vez, por lo que no conocíamos bien la ruta. Mientras nos debatíamos entre las dudas razonables sobre qué camino seguir, distinguimos en el cielo una nube con forma de ángel; había otras a su alrededor, pero esa era especial por lo que representaba. Recuerdo que lo estuvimos comentando mientras seguíamos nuestro viaje. Lo más curioso fue que, mientras las otras nubes cambiaban de forma o desaparecían, aquella no. La forma permaneció inalterable frente a nosotros todo el tiempo que duró el trayecto, e incluso saqué unas cuantas fotos con el móvil. Al llegar al lugar la nube desapareció.

Para nosotros es habitual sentirnos acompañados y protegidos. No es nada extraño, como tampoco lo es que absolutamente todos los seres humanos tengamos la misma protección. Únicamente hay que creerlo y permitirlo, para poder sentir de verdad esa protección.

Mensaje de Miguel

Hay que dar oportunidad al Universo para que haga llegar a vuestro vivir cotidiano los milagros que tanto anheláis. El problema de que vuestros sueños no se vean cumplidos procede de la falta de confianza. Decís que creéis en una Fuerza Divina, en un Creador que mueve los hilos; sin embargo, al menor contratiempo os hundís en el desánimo, olvidando por completo esas creencias.

No perdáis la confianza, la seguridad de tener una «Luz» muy especial en el camino. Sed pacientes para encarar la vida, la paciencia es una gran virtud. La impaciencia no conduce a nada bueno, sino todo lo contrario: lleva a actuar equivocadamente y a tomar decisiones erróneas.

Sed felices

COMENTARIO: las personas somos muy propensas a dejarnos llevar por las emociones. Pasamos de un estado de euforia a otro de profunda depresión. Este consejo de Miguel me ha ayudado a reflexionar sobre la solidez o fragilidad de la base en la que se apoyan nuestras creencias y sobre la falta de seguridad en nosotros mismos. Queremos atraer cosas buenas a nuestra vida. Deseamos saber todo y saberlo ya... Pero tratamos de ignorar que todo necesita su tiempo para ser comprendido y evitamos tomarnos el tiempo necesario

para conocernos en profundidad y restablecer la confianza perdida.

En cada meditación vais al encuentro de vuestro Ser interno, pero sucede que, al principio, este encuentro no se produce porque desconocéis el camino que debéis seguir. Es algo así como si os encontrarais inmersos en una gran ciudad con un complejo entretejido de calles y avenidas sin fin ante vuestros ojos. Para decidir la ruta más adecuada debéis serviros de vuestra intuición natural, y con calma, siendo receptivos y con los ojos bien abiertos, dirigios a una de ellas en particular para comenzar a caminar por ella.

En este largo camino pueden surgir dudas, también obstáculos y problemas de todo tipo, llegando, incluso, a plantearos si volver atrás o continuar avanzando. Estas dudas y dificultades surgen necesariamente para ayudaros a replantear si en verdad queréis o no llegar hasta el final, hasta el encuentro con vuestro Ser Esencial. Los miedos a este encuentro a veces producen reacciones adversas que sufrís como «crisis o pruebas» y que justifican la vuelta atrás. ¿Por qué esta reacción tan humana? Porque dentro de vosotros subyace un gran temor a la Verdad, miedo a: «¿Qué encontraré al llegar a la meta?... ¿Y si no encuentro nada?... ¿Y si lo que encuentro no me satisface, me perturba o descoloca mis convicciones?...».

Ese es el mayor obstáculo al que os enfrentáis, ese es el freno natural que bloquea y paraliza vuestro caminar hacia el encuentro con vuestra permanencia: el miedo a la Verdad Real. Sin embargo, existe una solución para vencer ese temor inconsciente: la confianza. Pero ¿confianza en qué o en quién? Confianza en vosotros mismos. Cuando os sumergís en un estado profundo de meditación la sensación de estar presente y receptivo en el momento, «el sentir que estás», se intensifica mucho. En estos estados, la confianza en vosotros se amplía y se unifica con el resto de la Vida Universal, incluyendo a todos los seres vivos con total naturalidad. Esta gran confianza de unidad desarrolla la apertura de todos los centros de energía de vuestros cuerpos sutiles, desbloquea los miedos ocultos y os despoja progresivamente de vuestras corazas para una mayor y mejor comprensión e integración en el camino de la Vida. Al final de ese sendero os espera la unión con la permanencia, entonces se descorrerá el velo de ignorancia dejando al descubierto la Verdad, vuestra Verdad, la única Verdad.

Sed felices

Comentario: en este comunicado Miguel nos enseña el verdadero significado de la meditación. El único propósito de esta práctica es descubrir nuestra verdadera identidad interior, pero para ello hay que descorrer el velo de la ignorancia. Nuestro ser completo, material, emocional, mental y espiritual deberá ser observado detenidamente a fin de conocer bien todas sus facetas y trabajar con ellas, para de esta forma traspasar ese velo que nos oculta la Verdad sobre nosotros mismos.

En las personas que participan en los grupos de meditación se han dado grandes transformaciones. Por supuesto, los cambios llegan según el grado de implicación e interés que ponga cada uno, pero de alguna forma todos los que han pasado por ellos han obtenido su parte de conciencia, y con ella, han colaborado a aumentar la de todo el grupo. De esta forma, progresivamente, se va creando un «cuerpo» de energía invisible que formamos entre todos con nuestra fuerza mental y que mantiene vivo al grupo de los meditadores, unidos con esa fuerte energía positiva, espiritual y saludable.

La mayoría de las personas que comienzan en el camino de la meditación lo hacen a través de la búsqueda interior, intuyen que algo les falta pero no saben qué y buscan respuestas que calmen su insatisfacción interna. Otras llegan después de un conflicto o una pérdida, y otras por una profunda crisis, por una depresión o por la simple necesidad de autorrealización.

Todas ellas encuentran un camino para seguir, el suyo propio. Sin líderes, sin dogmas, sin compromisos. Solo a través de la autoobservación, la buena voluntad y la apertura.

Seguidamente comparto con vosotros un escrito de Miguel para mayor comprensión de lo expresado anteriormente.

Cuando te sientas solo y confuso, busca el «silencio», porque yo estaré allí.

Eso es tan necesario en tu vida como en la de todos los seres humanos. Es vital para vosotros encontrar ese espacio silencioso en vuestro Ser interior, porque desde él salen todas las soluciones y, con ellas, la calma que necesitáis para

alcanzar la paz espiritual. Actualmente, y más que nunca, se hace muy necesaria la paz espiritual, pues a través de ella obtendréis la fuerza suficiente para empezar a recorrer el camino probatorio, un camino donde las infinitas dudas no tienen lugar, pues solo hay una dirección, solo una meta. Elige tu sendero. Sea el que sea, si lo eliges libremente será el correcto para ti y, una vez en él, sé feliz, disfruta, no pienses que podrías haber elegido cualquier otro... Déjate llevar, camina y experimenta, vive el momento, no te preocupes de los obstáculos que puedan surgir porque en cualquier sendero los encontrarás. No importan los inconvenientes; lo que verdaderamente importa es la decisión y la voluntad de salvarlos.

Únicamente desde el «sagrado silencio interno» vuestra vida se vinculará a la existencia espiritual, haciendo más liviano y feliz el camino que elijáis.

Os deseo fuerza interior para superar todos los problemas que afectan a la personalidad. Ese es mi deseo para vosotros. Confío en que la fortaleza espiritual que os mantiene unidos a la Vida aflore y colabore en este Sagrado Plan de la evolución humana.

Con amor

COMENTARIO: la meditación es básicamente un estado de silencio interior.

Miguel nos invita a buscar un lugar en nosotros mismos, desvinculándonos de los pensamientos racionales, de las emociones y los deseos constantes a fin de internarnos en un mundo más profundo y sereno, más sabio, al que todos tenemos acceso porque forma parte de nosotros, es nuestra parte espiritual y eterna.

Los ángeles en el día a día: sus mensajes

Con el tiempo, las comunicaciones con los Ángeles se fueron haciendo cada día más fluidas. Seguía aprendiendo con ellos todo lo que iba necesitando para mis clases de autoconocimiento, de meditación y también para los talleres.

Era maravilloso, a la vez que divertido, pues muchas veces disfrutaba de su extraordinario sentido del humor, que me hacían llegar por medio de sus canalizaciones, como por ejemplo un gracioso guiño que hasta el momento mantenemos mi Ángel y yo: él siempre me da un pequeño toque en la punta de la nariz para avisarme de que está cerca, de que todo va bien y de que permanece conmigo. Es algo físico, lo siento perfectamente y me hace mucha gracia. Mi relación con Miguel es distendida, hay entre nosotros una gran confianza y un amor enorme. Además de mi Ángel, es mi hermano y mi maestro. De él recibo mucha inspiración para impartir mis clases y talleres.

Los Ángeles son muy considerados y respetuosos; para ellos hay una Ley Universal primordial: la ley del «libre albedrío». Nunca me han ordenado hacer nada especialmente y tampoco me han dado jamás la solución a mis problemas personales. La ayuda angélica está basada en el respeto a la toma de decisiones de cada uno. Realmente es así como crecemos, experimentando y equivocándonos en muchas ocasiones.

Ellos están siempre ahí para iluminar nuestra mente y que así podamos elegir lo mejor y más adecuado en cada situación. Y, si no lo hacemos, consolarnos y confortarnos con su amorosa energía.

No quisiera dejar pasar la ocasión de comentaros los grandes beneficios que aporta la meditación para llegar al contacto angélico y a nuestro Ser Esencial.

Nuestro cuerpo físico y los cuerpos sutiles invisibles que forman nuestro Ser completo son diferentes aspectos de una misma energía. Esta energía se encuentra siempre en constante movimiento o vibración. Con la práctica de la meditación refinamos nuestro cuerpo, nuestra mente y nuestras emociones. De esta manera, elevamos estos niveles de vibración, volviéndonos más receptivos y favoreciendo la expansión de la conciencia.

En los grupos de meditación se habla mucho sobre los cambios que las personas han notado al cabo de un tiempo de práctica, y generalmente todos coinciden en haber conseguido una mayor sensibilidad, empatía, tolerancia, solidaridad, compasión, alegría y gran interés por la vida en toda su expresión.

Con tantas y tan buenas cualidades floreciendo en el interior de los corazones, la vida necesariamente se transforma. Comienza un nuevo renacer, sintiéndose «uno mismo» intensamente. Es como una fuerza poderosa que emerge cada día un poco más y nos hace fuertes, confiados y seguros.

Sobre este particular, Miguel me transmitió este breve pero significativo mensaje:

Siempre sé tú mismo.

Confía plenamente en la fuerza invisible, sabia y justa que habita en tu interior.

Todos estamos conectados a esa fuerza.

Cuando permitas que salga y se exprese, ya no existirán más dudas ni miedos, todo se colocará debidamente en su lugar y la Verdad florecerá.

Escucha el silencio, permanece despierto y resurgirá con voz nueva y constante la divina fuerza del Amor

Siempre vuestro

COMENTARIO: el Amor es el motivo fundamental de la Vida. Nuestra naturaleza es Amor. Es lo que nos une al resto del Universo. El puente entre los hombres y los Ángeles está hecho de Amor.

Sin Amor no hay Vida, sin Amor caemos en la espiral del miedo y del dolor, sin Amor no hay evolución.

Si estamos atentos, podremos comprobar cómo los Ángeles nos van dejando señales continuamente. Si sabemos mirar cada situación con conciencia, nos daremos cuenta de la ayuda que recibimos y cómo a esta ayuda le ponen su «sello». Señales angélicas son las sincronizaciones, plumas salidas de la nada, aromas florales, intuiciones repentinas, carteles sobre ángeles en lugares inconcebibles, libros que aparecen a nuestros ojos y tratan temas angélicos o que abiertos al azar nos dan la solución a nuestros problemas, descubrir cuadros o figuras de ángeles en momentos difíciles, personas que nos ayudan... y un largo etcétera.

Nuestra vida está llena de Ángeles, visibles e invisibles, humanos y divinos. Basta con saber mirar.

Altares angélicos

En los talleres que imparto sobre el mundo de los Ángeles, siempre resalto la importancia que tiene dedicarles un espacio en nuestro hogar, por pequeño que éste sea. Los altares angélicos sirven como referencia para recordarnos nuestro mundo interior. La vida diaria con su actividad incesante no deja mucho tiempo para mirar hacia dentro, y como resultado cada día nos sentimos más desvinculados de nuestro ser esencial y por ende más volcados en la superficialidad del mundo material.

Busca un lugar que te atraiga de tu casa, donde te encuentres en paz y crea tu propio altar angélico: unas flores, una vela del color que te guste, un recipiente con incienso (si te agrada), una postal o una imagen que tenga relación con los Ángeles... y todo lo que quieras añadir. Se trata, en definitiva, de crear un espacio sagrado en el que puedas retirarte a meditar o simplemente estar contigo mismo.

En mi domicilio he dispuesto altares en todas las habitaciones. Cuando tengo alguna preocupación, me siento bien solo con mirarlos pues me recuerdan que no estoy sola. Todos sabemos que la energía sigue al pensamiento y que cuando ponemos atención en algo determinado, ese algo toma forma, crece o se manifiesta. Esto es debido a nuestra naturaleza creadora.

El altar angélico es un centro de energía muy potente. Debido a que se utiliza para elevar el estado de conciencia, ya sea meditando o estando en recogimiento y en paz, el lugar se impregna con una energía de vibración más alta que el resto de la casa. Eso es algo que se siente fácilmente sin necesidad de tener grandes facultades psíquicas.

Personalmente, también utilizo mucho estos altares para aclarar dudas. Pregunto a los Ángeles centrando la atención en dicho lugar y espero en silencio sus respuestas. ¡Probadlo! ¡Siempre funciona! Pero recordad que para escuchar hay que permanecer en «silencio». A la mente racional le gusta la cháchara, pero con tiempo y dedicación se puede habituar a callar de vez en cuando.

Mensaje de Amaluz

Del silencio nacimos. El silencio es nuestra procedencia y nuestro Origen real. Somos silencio.

En el silencio se ama. Los auténticos y más sentidos sentimientos tienen lugar en el más profundo silencio.

Por eso, hermanos míos, es necesario acudir al silencio, a vuestro silencio interior, para conocer el verdadero significado de la Vida.

Silencio no significa ausencia de vida. Este del que yo os hablo está lleno de ella y contiene todo lo existente, tanto lo conocido como lo que falta por conocer.

El silencio del que os hablo es la manifestación del Absoluto. El recipiente simbólico donde todo está contenido. El significado de la existencia. El por qué y el cómo. Vuestra propia vida. Todas las vidas...

El silencio habla, se comunica con vosotros desde lo más sutil hasta lo más denso, es la gran enciclopedia de la vida. Cada ser recibe, de su propio silencio interno, su parte de sabiduría y en la misma proporción con la que acude a su silenciosa morada, se vuelve más sabio cada vez.

El silencio es el Todo y la Nada. Su contenido es más sutil que el vapor de agua. Es frágil, pues se rompe fácilmente. Es delicado, invisible, intangible pero existe... vive en vuestro interior. ¡Conocedlo! ¡Introducios en ese mundo silencioso del espíritu! A través de él comprenderéis el misterio de la existencia Una.

¡Que seáis siempre muy felices y vuestras vidas se enriquezcan por medio de vuestros espíritus de Luz!

Paz.

Amaluz

COMENTARIO: el mensaje de Amaluz es claro. Nos habla de la importancia del silencio para entrar en otros estados de conciencia y, desde allí, conocer la parte oculta de nuestra realidad, aunque no por ello menos «real». Las personas no estamos acostumbradas al silencio; a muchos, incluso les atemoriza porque todo lo que se desconoce produce cierto temor. Es entrando en el silencio, conociéndolo, disfrutándolo cuando lo dejamos de temer.

Aprendiendo a crecer

De la misma manera que aprendemos a hablar, escribir, leer, diversos comportamientos, etc., debemos aprender también a crecer interiormente.

La primera fase del aprendizaje es a través de nosotros mismos (las múltiples facetas de la personalidad, los miedos, los apegos, nuestras cualidades y defectos...).

La segunda se produce mediante la interacción con los demás (la comunicación, la empatía, la convivencia, las dependencias, el odio, el amor...).

Los Ángeles aportan a nuestra vida la fuerza necesaria para emprender el largo y delicado camino hacia nuestra «verdadera identidad», recordándonos que, para llegar a ella, hay que pasar primero por la falsa identidad. Este tipo de identificación es la que habitualmente mantenemos, la más arraigada, la que conocemos como nuestra personalidad.

En los comunicados angélicos, y como tema preferente, siempre ha estado el de la personalidad porque solo conociéndonos en profundidad podemos acercarnos más y comprender un poco mejor los distintos tipos de personalidades humanas. Y esto es fundamental para una convivencia en armonía basada en el respeto, la compasión y el amor.

Recuerdo que al comenzar mi aventura angélica, los mensajes que recibía eran telepáticos. De esta forma aprendí muchísimas cosas que escuchaba ansiosa, absorbiendo cada una de las palabras. Los temas, generalmente, tenían relación con el crecimiento interno, pero también me hablaban sobre la vida, la psicología humana, los mundos celestiales e incluso los asuntos sociales de actualidad.

Más tarde, los comunicados también se manifestaron sobre una hoja de papel. Mi mano se recargaba con una energía muy superior a la normal a fin de escribir aquello que querían transmitirnos y mi cuerpo experimentaba una sensación de trance en la que me envolvía un cálido sentimiento de amor pero con poca conciencia de lo que escribía.

Esta forma de comunicación, junto con la telepática, la hemos seguido manteniendo mis Ángeles y yo a lo largo de los años.

En la actualidad, la sociedad de la que formamos parte está padeciendo una gran crisis, no solo económica, también interna. Faltan puestos de trabajo, motivaciones, valores, ilusiones por las que vivir con entusiasmo. Todo ello ha generado un ambiente pesimista y derrotista, con el que por desgracia nos estamos acostumbrando a vivir.

Sobre este particular, Miguel me decía que este mismo estado de cosas es el que motiva a algunas personas a instalarse en los medios rurales en busca de sustento y serenidad. Pero lo más lamentable de todo esto, es que en la Tierra hay recursos de sobra para todos los seres humanos, aunque veamos impotentes cómo malviven o mueren de hambre muchos de ellos.

El problema reside en el «egoísmo» que esta sociedad padece desde hace años. Si no hubiera ese descontrolado deseo de poseer por parte de minorías sin escrúpulos, se

buscarían alternativas y soluciones a los conflictos sociales para generar un bienestar común. Todos los esfuerzos personales llevarían a una mejora mundial, no particular. Sin egoísmo, la tecnología y los avances de la ciencia serían para el bien general. La conciencia de unidad aportaría, de esta forma, paz y prosperidad suficiente para todos porque la felicidad de los demás es la felicidad de uno mismo.

Según Miguel, la clave está en desarrollar conciencia personal; verse en profundidad favorece la visión del mundo y de las personas. Para desarrollar esta conciencia solo hay una cosa que hacer: proponérselo.

El servicio desinteresado

Una de las cosas más importantes que debemos desarrollar en nuestra vida es la ayuda a los demás, el servicio voluntario. Si, como sabemos, toda la humanidad forma parte de un Todo, es razonable que aprendamos a amar a cada una de estas partes y, para ello, no hay mejor manera que prestar ayuda a otros seres de forma desinteresada, ya que el verdadero amor y el servicio humanitario son inseparables.

En cierta ocasión organicé una serie de talleres de sanación, en los que impartí una enseñanza que aprendí hace muchos años de un querido maestro sanador, y que está basada en la mutua colaboración con los Médicos del Cielo.

Al término de aquellos talleres, recibí un comunicado de mi Ángel Miguel en el que me insinuaba la importancia de formar un grupo de trabajo, con las personas que habían acudido a aquel taller, para dar energía sanadora de forma voluntaria y gratuita a quienes lo solicitaran.

Y dicho y hecho. Llamé a todos los que habían participado en los talleres y los invité a colaborar en el proyecto. Algunos no aceptaron por motivos personales, pero la mayoría sí acepto, y de muy buen grado. Enseguida nos pusimos manos a la obra: solicitamos un espacio municipal gratuito y fijamos fecha para nuestras reuniones quincenales.

En la actualidad, aún seguimos colaborando con los guías sanadores, con unos resultados maravillosos e infinidad de preciosas vivencias. Las personas que acuden en busca de alivio a sus dolencias, tanto físicas como psíquicas, aseguran sentirse muy bien en las sesiones y los que trabajamos en ellas somos felices por todo lo bueno que estas reuniones nos aportan, tanto física como espiritualmente.

En otra ocasión los Ángeles me inspiraron para realizar otro proyecto con fines solidarios.

Esta vez fue la creación de un coro, un coro de *mantras* (cantos sagrados). La idea era organizar conciertos para recaudar fondos y así colaborar con los más desfavorecidos. De nuevo los Ángeles nos ayudaron, pues la vida nos fue poniendo delante a las personas adecuadas para, entre todos, llevar a cabo ese magnífico proyecto. Nuestro coro crece cada día, y con él estamos aprendiendo sobre los extraordinarios beneficios terapéuticos que la música y el canto nos ofrecen, además de la enorme alegría de poder participar activamente con ONG y fundaciones benéficas con nuestros conciertos.

Sueños

Recuerdo una oración, de cuando era pequeña, que invocaba la presencia de cuatro ángeles para que guardaran las esquinas de mi cama y me protegieran de los malos sueños. Es una oración con la que hemos crecido la gran mayoría de los de mi generación y que recitábamos mecánicamente al irnos a dormir. Con los años, nos fuimos olvidando de recitarla. Al llegar a adultos no creemos necesitar protección al ir a dormir. Pero lo cierto es que nuestros Ángeles Protectores siguen cerca de nuestras camas velando nuestros sueños de mayores, aunque ya no los llamemos.

Os contaré un sueño muy vívido y del que aún conservo un bonito recuerdo.

Súbitamente, la cara de un niño rubio muy hermoso con ojos color violeta apareció, en primer plano, ante mí. Sin pronunciar ni una palabra, me sonrió y su dedo señaló una pluma blanca que caía lentamente desde lo alto al tiempo que oí, dentro de mi cabeza, una suave voz que me decía: «Confía en mí». A continuación, me guiñó un ojo y, dándose la vuelta, desapareció de mi vista. Llevaba cargada a la espalda una mochila con largas velas blancas. Desperté del sueño con una gran alegría interna, pues intuía que aquel niño era mi Ángel Miguel. Ellos tienen muchas formas de comunicarse con nosotros (la más habitual es a través de los sueños).

Con el desarrollo gradual de la conciencia, los sueños se acercan tanto a la realidad que, a veces, no distinguimos si estamos despiertos o dormidos. Estas experiencias oníricas se viven tan intensamente que incluso uno es capaz de pensar racionalmente dentro de ellas y cuestionarse si es real la vivencia o forma parte de un sueño lúcido.

El siguiente sueño que deseo compartir con vosotros forma parte de una experiencia que, cuando la recuerdo, aún me fascina.

Permanecía tumbada en la cama y me sentía profundamente relajada pero consciente de dónde estaba. De pronto algo me sacó de aquel estado de laxitud y me encontré suspendida en el espacio. Observé que podía pensar; de hecho, pensaba cómo había ido a parar allí. Curiosamente, no sentía ningún miedo, aunque pensé que debería sentirlo pues mi ingravidez era tan grande que simplemente al mirar de un lado a otro, mi «cuerpo» se movía flotando con suavidad. Mi cuerpo era como una nebulosa luminosa y vibrante, y podía sentir que todo lo que me rodeaba también formaba parte de mí. Me rodeó un sentimiento muy profundo de respeto, de paz y amor sagrado. Admirada por aquella inmensa belleza del Universo, me sentí enormemente feliz y comencé a percibir una armoniosa música, una melodía que no puedo explicar. Era un sonido profundo, envolvente, que penetraba en mí sutilmente. ¡Era bellísima! Nunca jamás he oído nada similar a aquellos armónicos tan perfectos. Y en ese momento advertí que la Energía Inteligente que unía a todos los cuerpos celestes estaba tan viva y era tan real que sus vibraciones emitían música. Esa misma Energía que recubre el planeta Tierra y a los que habitamos en ella. De pronto sentí la presencia de mi Ángel cuidando de mí en la distancia, como disfrutando con mi propio gozo, esperándome, dándome tiempo...

Cuando pensaba quedarme allí para toda la eternidad, abrí los ojos en mi cama de nuevo. Pero con la sensación de paz y la vibración musical aún resonando en mi interior. Lo escribí todo, en ese mismo momento, ya que no quería que ni lo más mínimo de aquella experiencia quedara relegado en el olvido.

«Un trabajador de la Luz,
siempre va acompañado de la Luz».
Miguel

El despertar de los talentos

La energía de los Ángeles tiene una altísima vibración y cuando somos conscientes de ella, permitiendo que nos envuelva y forme parte de nosotros, nos acompañará en todas las facetas de nuestro vivir cotidiano. De forma progresiva, se va despertando la sensibilidad en general. El individuo se hace consciente de los cambios que experimenta: sus gustos se refinan, sus hábitos se vuelven más saludables y se desarrolla la empatía hacia los demás y el entorno. Pueden surgir nuevos talentos desconocidos: venas artísticas, literarias, poéticas... Podría definirse como una ampliación de la identidad por el considerable aumento de la capacidad creativa.

Lo que os voy a contar tiene su gracia. La verdad es que, desde que llegaron los Ángeles a mi vida, me han colmado de alegrías. Una mañana me dirigía al centro para hacer unas compras. Tomé el metro y me senté en un vagón, casi vacío a media mañana. Me gusta relajarme cuando viajo en tren, se me hace más corto. Mi mente vagaba tranquila, mirando sin mirar a ninguna parte, cuando de pronto sentí un irresistible deseo de escribir. Yo misma me sorprendí de aquella extraña sensación. Además, ignoraba sobre qué tenía que hacerlo. Como ya no me cuestiono nada, tomé un pequeño bloc que siempre llevo en el bolso y un bolígrafo para casos de necesidad, y me dispuse a tomar notas. Las palabras surgían en mi cabeza fluyendo como el agua en una fuente. No sabía muy bien lo que estaba escribiendo, pero aun así seguí haciéndolo hasta que las palabras dejaron de fluir. Cuando me recuperé de la sorpresa, leí aquel texto y me quedé perpleja. ¡Era un poema dedicado a mi Ángel! Lo que más me extrañaba de la experiencia es que nunca me ha interesado la poesía, no entiendo nada sobre ella y tampoco me gusta especialmente.

Esto fue lo que escribí:

Dedicado a mi Ángel

Antes de conocerte te sentía...
Oía tu voz y no sabía hacia dónde mirar ni te veía.

Hoy claramente siento tu presencia, no tanto como quiero,
y me consuelo
con lo dulce y sutil de tu cercano vuelo.

Háblame, ¡vida mía!, que te escucho,
dispuesto y preparado siento el cuerpo.

Mi mente se libera del «no puedo» y abierta por tu Luz
acepta el reto.

¡Oh amado!
¡Cuánto tiempo compartiendo aprendizajes,
mil desventuras y anhelos!

Paz y gozo me inundan, conviviendo,
muy cerquita de ti, mi Ángel bueno.

Gloria

A esa primera experiencia poética le siguieron muchas más. Me resultaba muy curioso que la inspiración llegara en cualquier momento, por insólito que pueda parecer: viajando, cocinando, despertando súbitamente de un sueño, en la ducha...

Conozco a personas que me han confesado haber vivido algo parecido, el repentino despertar de algunas facetas artísticas, después de llevar un tiempo practicando algún tipo de meditación o camino espiritual. Es muy posible que en nuestro interior exista todo un potencial desconocido, al que accedemos solo cuando desarrollamos suficientemente la conciencia.

Para no abusar de vuestra cortesía, me permito transcribir uno de los últimos poemas inspirados y os lo dedico con mucho cariño y respeto.

Los ojos de mi Ángel

Cuando cierro los ojos puedo verlos;
son almendrados, profundos y serenos.
Percibo yo al mirarlos su gran amor... que siento,
que me llega, que me inunda... ¡y no lo sueño!

Cierro mis ojos y puedo ver los tuyos,
mi amado Ser de Luz,
mi hermano, mi Maestro.

Cuando, en la soledad, busco tu mirada y no la
encuentro, caigo en un mar oscuro y triste de lamentos.
Mas si me recupero, confío y permanezco,
de entre la espesa niebla emergen como un faro
esos dos «potentes cielos».

¡Ven a mí, Ángel amado!
Posa en mí tus ojos tiernos.
Y ayúdame, con su Luz, a ver a través de ti
el mundo y el universo.

Gloria

Ahora quiero compartir con vosotros un poema de mi Ángel. En esta ocasión fue él quien me regaló su poesía. Siempre que siento mi ánimo decaer, lo leo, y no sabéis cuánto me ayuda.

El país de la dicha

Cuando todo parece acabado,
cuando la desesperanza anida en el corazón,
cuando no se percibe luz ni salida,
cuando todo se estanca,
cuando la soledad se torna compañera de camino...
¡Sonríe! ¡Abre los brazos!
Y permítete volar hacia el país de la esperanza,
donde la vida es color, felicidad y amor infinito.
Es un país oculto a los ojos de la ignorancia.
Solo el que «sabe» lo puede ver, o quizás sentir.
Es un país de magia y de luz. Un lugar de libertad, de vida.
Y se encuentra aquí, allí, ahí...
en cualquier lugar donde te encuentres tú.
Para hallarlo, tan solo es necesario abrir los ojos a la sabiduría del corazón.
Con un corazón cerrado o asustado,
y con los ojos nublados por la realidad física, no será posible acceder a este maravilloso país de la dicha.
Siempre que sufras, dudes, decaigas o te deprimas, recuerda: espera un poco antes de cerrarte como una ostra asustada. Adopta la actitud contraria:
¡ábrete aún más!

Y permite que el mundo pueda contemplar
tu interna belleza.
Entonces, podrás sentir que tu entorno ha cambiado,
se ha convertido en algo nuevo, diferente... y
comprenderás que has llegado al mágico mundo del que
te hablo.
A partir de ese momento de conciencia,
la alegría, el amor y el entusiasmo
regresarán de nuevo a ti.
¡Nunca te rindas! ¡Lucha! Nada está perdido,
Siempre hay más y mucho mejor esperándote en
esa maravillosa dimensión paralela a la tuya.
¡Abre los ojos y disfrútala! ¡Ven al país de la dicha!

Mensajes de Miguel

Cuanta más conciencia desarrolléis,
mayor agradecimiento sentiréis por la vida.
La existencia sucede en cada reino, dando paso a los continuos cambios y evoluciones.
Mas, cuando la conciencia despierta a la Luz, aflora el don profundo de la «gracia» que ha permanecido dormido durante muchas existencias materiales.
La vida os regala la gracia de la Divinidad a cada uno de vosotros, y solo cuando seáis capaces de sentirla internamente, emergerá la cualidad de la gratitud. Esta cambiará vuestras vidas y vuestras relaciones, volviéndolas gozosas, fraternales y eternas.

COMENTARIO: cuanto más percibimos el momento presente, más nos damos cuenta de todo lo que nos rodea, y al tomar conciencia de las situaciones, las personas y las cosas que forman parte de nuestra vida no podemos dejar de sentir agradecimiento por todo ello. La luz de la conciencia nos descubre la gracia que habita en nosotros y que es parte de nuestro origen espiritual. A la luz de la gracia el egoísmo se anula y aparece el agradecimiento hacia toda expresión de vida que comparte con nosotros la existencia.

¿Dónde se encuentra ese bien tan preciado de la felicidad?...

En el interior del ser humano se hallan todos los estados posibles, entre ellos el verdadero sentimiento de la felicidad. Es este un sentir distinto al estado de felicidad que conocéis y al que estáis acostumbrados. La felicidad más conocida tiene varios orígenes:

Puede ser externa: de las situaciones y de las cosas que surgen fuera de vosotros mismos y que os provocan este sentimiento.

Mental: producida por recuerdos del pasado, pensamientos del presente o proyecciones futuras.

Y, por último, interna: el origen de las demás. Esta clase de felicidad es completa, no tiene un principio, carece de soporte, no procede de ninguna situación, objeto o pensamiento alguno. Proviene del Ser interior, de vuestro verdadero Ser que emana Vida, Amor, Luz y Felicidad por sí mismo.

Cuando se alcanza el estado interior como estado de conciencia habitual, la felicidad se vuelve compañera de camino. Se instala tanto en el interior como en el exterior. Cambia la visión de la vida y de las cosas, los conceptos y la percepción, y se desarrollan la sensibilidad y los sentimientos más profundos.

La vida os ofrece varias formas de sentir felicidad cada día, en cada instante. Solo es necesario saber mirar. Si observáis la existencia a través de los ojos del alma, conoceréis la verdadera y eterna felicidad, pues solo así podréis miraros en profundidad y daros cuenta de que la felicidad «sois vosotros mismos».

Que seáis siempre muy felices

COMENTARIO: muchas veces hemos podido comprobar cómo la felicidad es, verdaderamente, un estado de conciencia. En ocasiones somos inmensamente felices sin grandes cosas a nuestro alrededor; una agradable compañía es más que suficiente.

Incluso disfrutamos enormemente contando y recordando vivencias en las que nos hemos sentido contentos y felices, aunque personalmente, nunca he sentido una felicidad tan gozosa y tan intensa como en meditación profunda.

Eso me demuestra que la felicidad va con nosotros porque está en nuestro interior, independientemente de lo que tengamos o hagamos.

Al mirar con los ojos del alma podremos verla en todas las manifestaciones y, de esta manera, es imposible no ser feliz.

El único motivo de la existencia humana es manifestar el Amor Divino sobre la Tierra. Todo lo que se aleje de este propósito es inarmónico con el Universo y con su verdadera naturaleza.

El resultado de armonizarse con el Amor Divino es la «gracia». Vivir en estado de gracia aumenta el poder de todos vuestros sistemas: físicos, emocionales, psíquicos, mentales y espirituales.

Desarrollar el Amor Divino os abre las puertas del infinito, la felicidad y la vida espiritual. Para manifestar este sentimiento inmanente es imprescindible avanzar experimentando, sintiendo, sirviendo y agradeciendo a la vida. Saber con certeza que el Universo siempre provee. Tened esperanza, vivid con confianza ciega en que nuestro Padre/Madre Eterno mueve los hilos para nuestro bien. Así pues, abríos a recibir los dones de la vida y, agradecidos, mostraos tal cual sois, mostraos ante el mundo como seres de Luz, llenos de amor, alegría y sabiduría.

COMENTARIO: cada persona llega a la manifestación para cumplir un propósito personal como alma y aprender de las experiencias, pero el motivo fundamental es vivir expandiendo su luz.

A través del servicio desinteresado se irá desarrollando la gracia y progresivamente descubriremos nuestra verdadera identidad divina.

Una experiencia dévica

Antes de decidirme a escribir esta experiencia dudé mucho. No sabía si sería conveniente compartirla, sobre todo por lo increíble que pudiera parecer. Pero, después de haber abierto mi corazón a través de las páginas de este libro, no voy a omitir una vivencia sumamente interesante para mí, y espero que también para aquellos que la lean.

No siempre, pero en muchas ocasiones, mi conciencia despierta en los mundos astrales cuando mi cuerpo duerme. En estas ocasiones, generalmente, disfruto de la liviandad de un cuerpo inexistente pero presente y de la libertad de un vuelo indescriptible por su magnitud y esplendor. La vivencia es extraordinaria, como bien saben los que la han experimentado alguna vez.

En una de esas incursiones en el plano astral , mientras mi conciencia se encontraba feliz y liberada sobrevolando un prado de un verde intensísimo, observé con curiosidad que la hierba se encontraba tan solo a un palmo de mi hipotético «rostro». «¡Qué bajo estoy volando! ¿Por qué tan cerca del suelo?», pensé. La conciencia superior siempre suele responder a las preguntas internas y busca la forma de contestar de múltiples maneras. Su respuesta a mi interrogante apareció súbitamente: una luz intensa, pero diminuta, bajo unas pequeñas hojas, llamó mi atención. Al observarla, noté que se movía y al ampliar el enfoque de mi visión sobre ella, comprobé asombrada que se trataba de una pequeñísima criatura alada. ¡Era una Anjana! ¡Una diminuta hada de la naturaleza! ¡Una figura dévica!

Sin salir de mi asombro, la seguí con la vista en su rápida carrera hacia un extremo del prado. Pareciera que gozara con mi sorpresa. Su rostro, delicado y brillante como su cuerpo, emanaba dulzura y cordialidad, parecía feliz con aquel encuentro y sobre todo con revelarse ante una conciencia humana. Sus movimientos eran tan rápidos que no se la podía distinguir en marcha, tan solo una finísima estela de luz que dejaba tras su paso. Nuestra comunicación fue a través de la mirada, no hubo palabras pero no eran necesarias porque aquella pequeñísima alma dévica me transmitió una gran verdad sobre la existencia de los seres de la naturaleza; de cómo trabajan y se organizan para cuidar, limpiar, restituir y sanar la Tierra; de su impotencia ante la incomunicación con el ser humano, del temor a su presencia y a sus actos inconscientes e irrespetuosos con el medio ambiente. Todos estos sentimientos llegaron a mi corazón desde su minúsculo corazón y entonces comprendí.

En todos los planos de existencia hay «ángeles» que cuidan el entorno y a los seres que habitan en él. Esa pequeña anjana hizo que mis dudas e incredulidad hacia el mundo de los elementales se desvanecieran por completo. Reconozco honestamente mi anterior escepticismo sobre estas entidades de la naturaleza. La verdad que encierran estas experiencias es claramente la de hacernos ver que todo puede ser posible, y que no tenemos ni idea de hasta dónde puede llegar el Universo en sus manifestaciones. El mensaje que aprendí es que todo nos enseña y nos acerca a la única Verdad Suprema: todo lo que existe forma parte también de cada uno de nosotros y somos Uno con todas las formas vivas del Universo Infinito.

Después, con mi conciencia llena de aquel precioso ser, volví a mi cuerpo rápida pero sutilmente, volví a mi cama, a mi dormitorio, abrí los ojos y lloré de alegría.

Querida anjana, siempre conservaré tu recuerdo en mi corazón.

Comunicándote con tu ángel

Para comunicarnos con nuestro ángel guardián debemos aprender a estar con nosotros mismos. El trabajo personal de introspección nos ayudará en esta relación humano-angélica.

Las técnicas de relajación y meditación son muy importantes, porque se trabaja con uno mismo desde el interior. Si deseamos invitar a una persona muy querida a nuestra casa, lo primero en que pensamos es en arreglarla, ordenarla y prepararla para que le resulte bonita y acogedora para esa visita tan especial. Así pues, de la misma manera tenemos que acicalar nuestro «hogar» interno para que pueda ser digno de ser visitado por un Ser tan divino. Nuestro interior será el lugar de encuentro entre nuestro Ángel y nosotros. Allí podremos comunicarnos con él, pedirle consejo y ayuda, sentir su presencia y envolvernos en su luminosa energía de amor.

La intensidad de nuestros contactos dependerá, en gran medida, de lo dispuestos que estemos a recibirlos y del esfuerzo que hagamos por purificarnos cada día. Tanto los pensamientos y deseos de la mente como los sentimientos deben pasarse por el tamiz de la purificación. Purificarse es poner la atención pura en cada uno de ellos y discernir su origen —si pertenecen a la luz o a la sombra, si proceden del alma o de la personalidad humana—; arreglar el hogar interior a diario, purificarlo, supone ir apartando aquello que estorba y desentona, lo sucio, lo antiguo. Supone poner orden dentro del caos.

Con una mente en calma y un corazón abierto la comunicación con nuestro Ángel se dará como algo natural, como la del amigo fiel que siempre está a nuestro lado escuchando nuestros problemas y lamentos. Al hablar con los Ángeles sobre nuestras cosas más íntimas, no olvidemos darles las gracias de antemano. Agradecer es saber que cualquier petición ha sido escuchada y que desde ese mismo momento, se activan las fuerzas necesarias para conseguirla, si está dentro de la Ley Universal.

Cuéntale todo a tu Ángel, él te escucha siempre. Hablar con Ángeles no es lo mismo que hablar con personas, sobre todo porque ellos saben escuchar. Sus respuestas llegan de muchas maneras, a veces de extrañas formas: a través de las palabras de un amigo, de un párrafo de algún libro, de un anuncio publicitario, de un sueño revelador... pero siempre llegan, cada una a su tiempo. Para poder percibirlas hay que saber escuchar desde el silencio de la mente, la calma interna y la armonía. Llenar tu vida de armonía es vivirla con amor.

La canalización

A simple vista, puede resultar atractiva la idea de contactar con ciertas entidades y transmitir la información que pueden darnos, pero antes hay que tener en cuenta algunos detalles.

El trabajo del canalizador es, sobre todo, un ejercicio de servicio hacia los demás. Son personas que han desarrollado algo más su psiquismo y tienen una mayor sensibilidad para captar diferentes energías sutiles. El trabajo de servicio, como canalizador, consiste en colaborar con seres de diferentes planos de vibración, actuar como puente entre ellos y los seres humanos. Para esto hay que tener bien alineados los cuerpos sutiles (físico, astral y mental) que forman nuestra personalidad, es decir, equilibrados entre sí.

El justo equilibrio y la armonía de estos vehículos se consigue solo a través del trabajo personal de cada uno en el día a día, tratando de fortalecerlos y limpiarlos lo máximo posible de egoísmo, negatividad, deseos y bajas emociones.

No es un trabajo fácil ni rápido, pero sí absolutamente necesario para poder llegar a ser un intermediario adecuado entre los diferentes mundos de energía.

También hay que tener en cuenta la gran responsabilidad que eso supone. Cada acción genera una reacción, según la Ley del Karma. Los canalizadores no debemos olvidarlo, porque la imaginación y los deseos pueden jugarnos malas pasadas y dar un mensaje equivocado sin pretenderlo.

Con mi experiencia personal, he vivido una evolución progresiva de mi capacidad mediúmnica a lo largo de los años porque, tanto en este caso como en los demás, la experiencia cuenta.

La información que se recibe desde otros niveles de conciencia es recogida por la mente concreta en forma de ideas o conceptos que de manera inmediata son traducidos por esta en el lenguaje conocido y utilizado por el receptor. En el momento en que se está llevando a cabo la canalización, el psíquico o receptor es rodeado por el aura magnética de la entidad que contacta con él. Esto produce un estado de trance ligero en el que, aunque uno tiene relativa conciencia, se encuentra entre medias de un plano y otro de realidad, como observando. Cualquier contacto físico en ese momento altera profundamente la alineación de los cuerpos sutiles y provoca un pequeño impacto muy incómodo y casi doloroso físicamente.

La entidad que comunica su información al canalizador lo envuelve con su energía, por lo que este queda impregnado de ella.

El grado de evolución de la entidad comunicante es el que genera el estado emocional del receptor, que puede llegar a ser sumamente placentero, de inmensa alegría y amor sublime.

Prestarse voluntariamente como transmisor de información de un plano a otro de conciencia debe mantenerse con humildad y responsabilidad, tanto hacia los seres que nos la ofrecen como hacia los que la reciben. Los comunicados que nos transmiten suelen ser de orientación espiritual, y dirigidos a todos en general.

Mensajes canalizados

En este apartado, quiero compartir con vosotros algunos de los mensajes que los Ángeles, y especialmente Miguel, me dictaron en diferentes ocasiones a lo largo de estos años.

De cada uno de ellos he extraído una o varias lecturas para aplicarlas en la vida. Han sido para mí de una inestimable ayuda y consuelo. Los he clasificado por temas para una mejor comprensión y añado un breve comentario por si pudiera servir de ayuda.

SOBRE EL SERVICIO DESINTERESADO

Mensaje de Miguel

Hace falta valentía para dedicar parte de la vida al servicio desinteresado a los demás. Valentía para afrontar los retos que la vida de servicio va poniendo en el camino. Valentía para dedicar el tiempo suficiente, sin importar las opiniones de los otros. Y valentía para decidir el camino por el que queréis andar: si por el del «reconocimiento» o el del «servicio desinteresado».

Estos dos senderos están claramente diferenciados entre sí, pero con frecuencia la mente humana los unifica.

No, queridos míos, no discurren juntos. Hay que decidir por cuál de los dos se desea caminar.

El sendero del reconocimiento es más dificultoso, tiene tramos sencillos pero la mayoría están plagados de obstáculos que se han de superar. Sin embargo, el sendero del servicio desinteresado es más claro, se vislumbra el final en el horizonte, pero para hollarlo habréis de hacerlo en solitario. Tendréis constante compañía alrededor, algunos caminantes viajarán con vosotros por etapas, más o menos prolongadas del trayecto. Pero vuestro sendero y la forma que tengáis de recorrerlo será una solitaria labor de siembra.

El sembrador mantiene internamente sus lazos de unión espiritual con el resto de los caminantes, pero la personalidad desconoce esta valiosa labor.

Por eso, para decidir qué camino deseas tomar hay que ser valiente, hay que reconocerse como «Guerrero de Luz» y llevarlo a la práctica. El guerrero, a pesar de su solitario caminar, gozará eternamente de las ayudas espirituales y de la constante presencia de su llama interior, la única luz que iluminará su tránsito por la vida.

¡A vosotros me dirijo, guerreros, poderosos y valientes guerreros del amor! Otead el horizonte y elegid sabia y libremente vuestro camino. La elección siempre será respetada.

Con amor

COMENTARIO: en la vida, llega un momento en el que todos tenemos que elegir qué camino tomar. Si volvemos la vista atrás, podremos darnos cuenta de la cantidad de personas que han mantenido algún tipo de relación con nosotros, personas que han compartido el sendero de nuestra existencia. Unas nos han aportado cosas maravillosas a través de su amor y otras nos han enseñado de otra forma, infligiéndonos dolor. Tanto el amor como el dolor nos hacen más fuertes, nos transforman en «guerreros», guerreros pacíficos que buscan su lugar en el mundo y el Universo. Esa búsqueda nos lleva a encontrarnos con nosotros mismos y con la toma de decisión del camino que deseamos seguir, a partir de ese momento. La elección no siempre es fácil, pues el camino del servicio es solo para valientes.

Buscad una meta cada día y tratad de llegar a ella.
La tolerancia, el amor incondicional, la alegría, el respeto, la generosidad... y todas las cualidades que nacen de vuestro Ser interno se pueden manifestar en el día a día con un pequeño esfuerzo. Cambiar de actitud de una manera consciente será un importante avance en el camino que conduce al Hogar del Padre.

Siempre a vuestro lado

COMENTARIO: Miguel nos invita a buscar las cualidades que todos tenemos dentro y a llevarlas a nuestra vida cada día. Sin embargo, nos encontramos con la personalidad, que tiene grandes problemas para trabajar con esto. En mi opinión, la mejor manera de conseguir cambiar hacia una actitud más abierta, consciente y solidaria con los demás es tratar de que la personalidad se convenza de que ese cambio es bueno para ella. La integración con los seres humanos y la empatía favorecen este cambio de actitud. Anteponer el respeto a los prejuicios personales es un paso decisivo para la transformación.

Mis queridos colaboradores, los Ángeles estamos aquí, entre vosotros, para ayudaros con la Luz a despertar vuestra propia Luz.

No os podéis imaginar el maravilloso espectáculo que, desde este lado, podemos admirar al contemplaros.

Vuestra Luz colabora en el despertar de otros semejantes aún dormidos.

En nuestro mundo hay mucha Vida y gracias a vosotros se llena de esperanza. Mantened la Llama interna encendida, mantened vuestra Luz.

Hay mucho por hacer, pero entre todos lo conseguiremos. Confiamos en vuestro trabajo y gran esfuerzo. Os enviamos muchísima Luz, energía amorosa y felicidad. ¡No desfallezcáis, amados! Que la dicha reine siempre en vuestros corazones.

COMENTARIO: este mensaje se recibió en una sesión de irradiación vital. Los sanadores que prestamos servicio en ella lo hacemos desinteresadamente y con un profundo deseo de ayudar a los demás. Miguel es nuestro Ángel guía, pero también participan en el trabajo Ángeles sanadores y guías espirituales que, con inmenso amor, desean servir a la humanidad potenciando nuestra labor.

Sobre el mundo espiritual

Mensaje de Napael

Entre el cielo y la Tierra, existe un lugar, al cual las almas acuden a descansar entre periodos de existencia material. Allí la vida es color, sonido y pureza. Es el mundo de los sentidos más elevados, donde los anhelos más profundos son alcanzados, donde se proyectan las metas futuras con ánimo y energía renovada. Ese mundo sigue siendo «tu mundo», del que un día te marchaste para regresar. Ese mundo es una prolongación del mundo en el que vives, no hay separación aparente, tan solo los divide la bruma de la inconsciencia.

A mayor sensibilidad y conciencia, menor distancia se ha de recorrer entre la niebla. ¡Ven!, acércate a tus orígenes a través del camino de la serenidad y del silencio interno.

Comentario: de una forma clara, Napael nos habla de lo que comúnmente conocemos por «cielo», y además nos explica lo que encontraremos allí cuando retornemos de nuevo. Pero también nos invita a acercarnos a nuestro Origen antes del regreso final, a través de la práctica del silencio interno, de la meditación y la introspección. Desarrollando una mayor conciencia se acorta la distancia entre nosotros y nuestro Ser profundo.

Mensaje de un Ángel guía

Busca cada día tu encuentro espiritual. Acude puntual a la cita con tu Esencia, verdadero Ser que da vida a tu vida. Tu Ser se engrandece cada vez que te comunicas con él. Tu persona se enriquece cuando te fundes en su energía. Busca tu Origen cada día, y aprende con la dulzura del reencuentro entre los opuestos. Un encuentro buscado y esperado durante muchas existencias. Cuando se produce la comunicación duradera, la vida común deja de serlo para convertirse en vida universal. Entonces es cuando comprendes que no hay final, sino prolongación de la existencia. Es entonces cuando te convences de que eres un amoroso ser de Luz, de que tu vida tiene un motivo, un fin. Ese fin nos une y te une al resto de la existencia universal. ¡No desfallezcas, hermano mío!, sigue buscando, sigue caminando hacia lo más profundo de tu interior. Allí te esperaré para colmarte de dicha y regalarte esta nueva vida que te ofrezco con todo mi amor.

COMENTARIO: a veces, los Ángeles no dicen su nombre. Como en esta ocasión, consideran más importante el contenido del mensaje que el mensajero. Este maravilloso Ser nos alienta a buscar sin desánimo en nuestro interior con el fin de llegar a ese transformador encuentro con nuestra verdadera identidad, que cambiará la percepción del mundo y de nosotros mismos. El viaje interior es un estado diferente de conciencia, más elevado y sublime al que solo tenemos acceso desde lo más profundo de nuestra persona.

Sobre los obstáculos

Mensaje de Miguel

Como Guerreros de la Luz que sois en vuestro interior, nunca dejaréis de encontrar obstáculos que salvar, batallas que afrontar y conflictos que resolver a lo largo de vuestras vidas. Recordad que el guerrero duerme siempre alerta, que permanece en su puesto atento y preparado para la acción. Tiene siempre bien dispuestas sus «armas» de batalla: la tolerancia, la aceptación, el desapego, la apertura, el perdón, la voluntad, la valentía... Con todas ellas combatirá constantemente ante sus adversarios, nunca contra ellos, pero manteniéndose firmemente anclado en su lugar y mirando al frente.

Grandes dosis de fortaleza necesitará el guerrero para no decaer, por eso recurre a su caudal interior de energía, del que bebe, se baña y alimenta, donde purifica su cuerpo y lo engrandece para seguir en primera línea de batalla con valentía y tesón.

A vosotros, mis guerreros de la Luz, dirijo estas palabras: ¡que la conciencia interna inunde vuestras mentes, abra aún más vuestro piadoso corazón y ennoblezca vuestros actos día a día!

COMENTARIO: aunque no nos gusten, hemos de reconocer que los obstáculos y los problemas que la vida nos pone delante, en muchas ocasiones nos ayudan a crecer y a ver las cosas de diferente manera. ¡Uno nunca sabe de lo que puede llegar a ser capaz en un momento dado! Ignoramos el gran potencial y la fuerza interna de que disponemos. Miguel nos llama guerreros, sus Guerreros de la Luz, y nos previene de las futuras batallas que tendremos que librar con las únicas armas que no hieren, pero que tienen un poder mayor: el de la transformación. Permanecer en estado de alerta es la mejor táctica defensiva; darnos cuenta de lo que nos trae cada momento de la vida y comprender su significado es una oportunidad para no salir herido en la «batalla».

SOBRE EL DOLOR Y EL SUFRIMIENTO

Mensaje de Napael

Permite que la paz se instale en tu interior. El dolor, las tristezas y las angustias son una llamada de atención. En esas circunstancias, más que nunca, necesitas paz.

Cuesta centrarse, cuesta encontrar ese bien tan preciado, sobre todo cuando más se necesita.

En esos momentos, hay que hacer acopio de voluntad para soltar los apegos al sufrimiento y al miedo.

Por extraño que pueda parecer, el sufrimiento de los seres humanos tiene su origen en el apego instintivo al dolor y al miedo. El sufrimiento es una mal entendida sensibilidad, y el miedo un sentimiento irracional de desamparo. Para ser sensible no es necesario sufrir continuamente. Un sufrimiento constante bloquea los sentidos, mientras que el miedo no te permite ser, experimentar, vivir...

Necesitas paz para encontrar el sano equilibrio de las emociones. El dolor sucede a veces; vívelo, pero no continuamente y por cualquier motivo. Aprende a trascender el dolor
por medio de la compasión. Aprende a trascender el miedo
con Amor, ama intensamente, pues solo amando dejas de
temer a la vida y a sus circunstancias.

Si permites que el Amor se instale en ti, no habrá lugar para
el miedo y el sufrimiento y tu vida será una continua cele-
bración.

Tú eres un Ser de paz; búscala dentro de ti, nunca fuera, no
pierdas el tiempo. La paz y el amor cambiarán tu forma de
ver y de sentir la vida. Y así podrás ser libre y feliz.

COMENTARIO: todas las personas somos vulnerables al miedo y al dolor, todos los experimentamos casi a diario. No obstante, según parece, tenemos cierta tendencia al sufrimiento inconsciente. Los seres humanos estamos tan acostumbrados al dolor que lo vivimos como algo natural, y sin embargo, no lo es. Lo natural es la alegría y la paz interna, esa es nuestra naturaleza esencial pero necesitamos que nos lo recuerden para empezar a disfrutarla.

Este mensaje de Napael es un llamamiento a la esperanza, por medio de la búsqueda de la voluntad interior, para desapegarnos de los sentimientos negativos que nos hacen sufrir y que forman parte de los hábitos más arraigados de nuestra vida.

SOBRE EL PODER PERSONAL

Mensaje de Miguel

Procurad conservar siempre vuestra plenitud interior.

Los seres humanos tienden a depositar su confianza, su fuerza, sus expectativas y anhelos en aquellos a los que aman. Y de esta manera, permiten a los demás «jugar con sus propias cartas», tomando, para sí mismos, una actitud pasiva ante la vida.

Para tener información y sabiduría del mundo exterior, no es necesario ceder ese potencial interno, todo lo contrario. Por ejemplo, en los estados de meditación profunda, recibís mucho a cambio de casi nada, pues vuestro ser se encuentra más completo y centrado que nunca, rodeado de una intensa paz. Este es el estado ideal para recibir, comprender e integrar conocimientos profundos.

En la vida cotidiana, al permitir que otros utilicen a su antojo vuestro poder personal, contribuís a debilitarlo en cada acción que los demás hagan por vosotros y que no se corresponda con vuestra intención. Luego surge la frustración y el desencanto por una actitud inesperada por parte del otro, que da pie al resentimiento, la ira y la desvalorización personal, influyendo muy negativamente en la relación. Esta es la consecuencia de haber abandonado vuestro potencial interior en manos de otras personas por un amor mal entendido. Para amar consciente y profundamente no es necesario entregarse en cuerpo, sentimientos, mente y alma. Para amar basta con sentir y transmitir una honda aceptación, respeto y ternura hacia los demás, manteniendo la propia identidad.

Sois seres libres y creadores; por lo tanto, necesitáis expresaros como seres únicos e individuales. Si alguien toma por vosotros ese poder, más tarde o más temprano, a veces inconscientemente, reclamaréis lo que es vuestro de forma descontrolada e incomprensible para el otro.

Espero que entendáis estas palabras:

«La vida es un amplísimo campo de experimentación. Venís solos, aprendéis solos, evolucionáis solos, pero para todo ello necesitáis a los demás. Cada uno tiene ante sí un enorme potencial inexplorado, pero solo vosotros poseéis la clave de acceso a toda esa información. Solo vosotros debéis encontrar el camino y tomar la decisión de cómo, cuándo y por qué... Una vez comprometidos con vosotros mismos, permitid que los demás caminen a vuestro lado, pero sin cargarlos con la responsabilidad de vuestras vidas».

Con profundo amor

COMENTARIO: en este mensaje, Miguel nos imparte una importante lección para afrontar las situaciones que la vida nos pone por delante, haciéndonos ver la necesidad de tomar las riendas de nuestra existencia utilizando el poder interno que todos tenemos.

En algunas ocasiones, cedemos este poder a otras personas, en las que confiamos, para que ellas tomen iniciativas y decisiones por nosotros, sin tener en cuenta los problemas que esto puede acarrear.

Personalmente, creo que es el miedo y la comodidad lo que nos lleva a esta actitud. Tememos equivocarnos y eso, en el fondo, es falta de amor por uno mismo. No afrontar la vida en todo su contexto es miedo al fracaso por una creencia negativa sobre nosotros mismos.

En mis talleres he trabajado muchas veces el tema de la autoestima porque la gran mayoría de las personas tenemos serios problemas por carecer de ella.

SOBRE EL ABRAZO

Mensaje de Amalur

Cuando abrazáis, no solo estáis compartiendo cariño y amistad, también estáis fortaleciendo las capas que forman vuestros cuerpos de energía sutil.

La intensidad del abrazo, junto con la carga sentimental que contiene, provoca una inmediata reacción revitalizante y confortadora en aquel que lo recibe, uniendo con lazos invisibles a los abrazados, lazos que forma la sanadora energía del amor.

Si quieres aportar más salud y más amor a tu vida, abre los brazos y acoge en ellos a tus familiares, a tus amigos y a todo el que lo necesite. Con este sencillo gesto, la vida también te acogerá a ti, envolviéndote y colmándote de bendiciones, amor y magia.

Que siempre seáis muy felices

COMENTARIO: un agradable mensaje de Amaluz, en el que pone de manifiesto la importancia del abrazo y el saludable efecto que produce. En muchas ocasiones hemos podido comprobar su eficacia. En los cursos que imparto, las dinámicas que comprenden esta práctica son verdaderamente muy sanadoras.

A los seres humanos nos cuesta abrazar. El abrazo verdadero es algo que va más allá de lo meramente cordial, es algo más puro, más profundo. Unirse en un abrazo consciente derriba las fronteras de lo condicionado, unifica la dualidad enseñándonos a sentir al otro como una prolongación de uno mismo.

Sobre la amistad

Mensaje de Miguel

El mundo se creó de forma natural y prodigiosa.

La amistad que nace de esta manera, al igual que el mundo, podrá cambiar de forma, pero jamás se destruirá su amorosa energía. ¡Recordadlo!

¡Cuántas vivencias! ¡Cuánto cariño compartido! ¡Cuántos conflictos producidos por el enfrentamiento de los egos!...

Pero lo que verdaderamente importa es la continuidad, la perseverancia, la paciencia y la bondad de corazón. Con estos conceptos integrados en vuestro ser, la auténtica amistad prevalecerá siempre.

Hoy en día, más que nunca, es importante recordar que para mantener un profundo sentimiento hay que trabajar con él, alimentarlo continuamente, esforzarse un poco. Hoy en día, en que la prisa y el egoísmo imperan, es más que nunca necesario ese pequeño esfuerzo interior que busca la unión y la confraternidad entre los seres humanos. Las bases de unas buenas relaciones afectivas son el respeto mutuo y la autovaloración personal.

Cada individuo tiene su lugar en el espacio, así como en su vida cotidiana. Ese espacio es sagrado, único y en él moráis como auténticos reyes y señores. Y si cada uno tiene su lugar, ¿por qué disputar?, ¿por qué buscar otro que no corresponde? No habrá ninguno mejor ni más adecuado que el que tenéis de origen.

Así pues, encontrad vuestro espacio, disfrutadlo, saboread la vida ampliamente. Disfrutad también de la diversidad que forma el mundo en el que vivís ahora. Disfrutadlo al máximo porque esto os enriquecerá. De la misma forma, disfrutad también de la sincera amistad, sin máscaras ni engaños, ausente de crítica, disfrutadla desde la libertad mutua y la apertura. De esta manera seréis más felices y la vida os regalará continuamente pequeñas manifestaciones de la Divinidad al actuar como seres divinos, lo que realmente sois. Dad sin esperar. Disfrutad vuestra existencia tal como venga sabiendo que esta cambia constantemente. No esperéis a mañana para ser felices, empezad ahora mismo. Este es mi consejo.

Siempre vuestro

COMENTARIO: reflexionar sobre este mensaje de mi amado Miguel me ayudó a comprender la importancia de las relaciones de verdadera amistad, de amistad fraterna. Generalmente, todos tenemos muchas «amistades» pero los amigos reales abundan poco, ya que para lograrlos primero hay que aprender a ser un buen amigo y establecer nuestras relaciones fraternales desde un cariño exento de egoísmo. Eso no resulta fácil porque nuestra cultura no nos ha enseñado este comportamiento, todo lo contrario: en la sociedad actual el amor y la amistad están basados en el apego egoísta. Sin embargo, para recibir, antes hay que dar y después saber aceptar lo que nos viene devuelto en la forma que sea, no en la que nosotros queramos que sea.

Tratar de cambiar la idea que tenemos sobre la amistad nos dará mucha más libertad y felicidad, pues aceptar a las personas como son, sin albergar expectativas sobre ellas y sobre cómo deben comportarse con nosotros, hará más fácil y fluida nuestra relación.

Mi Ángel Miguel es un gran amigo para mí, el más íntimo, el más sabio, el más afectuoso y compasivo. Nuestra relación es fluida, libre, respetuosa y sobre todo amorosa.

Gracias, querido amigo, por tanto como me das. Gracias por comprenderme y por enseñarme. Mil gracias.

Sobre la tristeza

Mensaje de Miguel

Tristeza es ausencia de conciencia. El sentimiento de tristeza se aferra a la mente y esta lo alimenta con pensamientos que vibran en su misma frecuencia.

No os dejéis envolver por la tristeza a causa de aquello que escucháis. No sintáis tristeza por lo que aún no ha llegado a vuestras vidas. No alberguéis nunca tristeza por las circunstancias y avatares de la existencia. Sustituidlo por una mayor conciencia, más presencia y percepción del momento que vivís, pero no os dejéis llevar por la tristeza porque es una emoción muy negativa para todos vuestros cuerpos de energía. El origen de la tristeza es el miedo, difícil de erradicar, pero aún lo es más si os dejáis arrastrar por él.

Se necesita un gran esfuerzo interno, una gran apertura de conciencia para superarlo; sin embargo, una vez trascendido y vencido el miedo, la tristeza desaparecerá. Es posible que deje paso a una cierta melancolía que, siendo más ligera que la depresiva tristeza, suele superarse buscando motivaciones, nuevas ilusiones y desarrollando la mente creativa.

La tristeza, como hija predilecta del miedo, lleva impregnada en ella la misma energía de su progenitor.

Esta es la peor de las energías con que tenéis que enfrentaros casi a diario, el mayor obstáculo de la existencia humana: el miedo.

Tened presente que la fortaleza de corazón, el ánimo alto y la mente serena son el antídoto perfecto para acabar con este mal, a la vez que desarrollan en vosotros la luz de la conciencia.

COMENTARIO: en cierta ocasión, Miguel me dijo que el miedo es lo contrario al amor. En esencia, los seres humanos somos amor, y todo lo que no responda a esa vibración no se corresponde con nuestra naturaleza esencial. Cuando vibramos en el sentimiento del amor, somos más nosotros mismos y eso nos produce felicidad y apertura, pero cuando nuestra vibración se dirige al lado opuesto sentimos miedo y lo podemos manifestar de muchas formas, como por ejemplo a través del enfado, la ira, los celos, la tristeza, etc.

SOBRE LA APERTURA

Mensaje de Humiel

Mi mensaje es para recordaros, una vez más, lo que ya sabéis: estamos con vosotros, no os abandonamos nunca, pero hay veces en las que solo vosotros debéis tomar decisiones, es decir, haceros «mayores», ¿comprendéis?... En la vida, las cosas buenas se hacen esperar.

Solo un consejo, mis amados: abríos a las situaciones, a las personas y a las señales que continuamente os ofrece la vida y disfrutadlas. Si lo hacéis con conciencia y serenidad, sabréis que hay mucho más de lo que creéis, mucho más que la simple apariencia, y que os espera para que lo gocéis.

Mi amor a vosotros. Sed felices, por favor.

COMENTARIO: la cercanía y el sentido del humor de Humiel en sus comunicados resultan enternecedores. Los seres humanos, independientemente de nuestra edad, siempre somos como niños a la hora de asumir responsabilidades en nuestras vidas. Hacernos «mayores» significa, para mí, ser conscientes de nuestros actos, pensamientos y emociones a la vez que tomamos las riendas de nuestro destino. De esta forma es más fácil ser receptivo a todo lo que la existencia nos pone por delante. Los seres de Luz han transmitido en muchas ocasiones que la vida es para gozarla, no para sufrirla. Gozarla es, bajo mi punto de vista, vivirla con intensidad, tanto en los buenos momentos como en los malos. Cuando nos hacemos conscientes de la guía angelical que nos acompaña eternamente, dejamos de temer a la vida y nos abrimos a ella con esperanza y alegría a la espera de sus bendiciones y milagros.

Sobre la Esencia Divina

Mensaje de Gabriel

La vida es Una; así pues, no temáis perderla. Es una eterna prolongación de la existencia a través de un continuo cambio de identidades, pero la real Presencia siempre es la misma.

Queridos hermanos y hermanas, gracias por vuestras contribuciones. La Esencia Divina que os habita crece en esplendor cada día y se proyecta al exterior gracias a vuestras ganas de colaborar con el Plan Cósmico Universal. Desde mi espacio os envío todo el amor del mundo y mi apoyo incondicional por siempre.

¡Bendita sea la Estrella que os guía e ilumina!
¡Bendita vuestra Luz!

Comentario: en este mensaje Gabriel nos recuerda que la vida es eterna y no debemos temer que acabe, pues será solo un cambio de identidad; una se va para dejar paso a otra pero la conciencia que habita en ambas es la misma.

También nos da las gracias por participar en el sagrado proyecto universal de unificación. El Plan Cósmico Universal

consiste en «re-unir» a todos los seres sin distinción, a través del amor incondicional y el servicio desinteresado. Lo conseguiremos si seguimos la «Luz» de nuestra Estrella, la que habita en nuestro interior, nuestra bendita Esencia Divina.

SOBRE EL TRABAJO ESPIRITUAL

Mensaje de Miguel y Gabriel

En esta nueva etapa de trabajo espiritual que vais a comenzar, queremos desearos mucha suerte con vuestros encuentros y actividades, mucha fuerza para llevar a cabo todos vuestros propósitos y mucha confianza para no decaer. Nosotros siempre os seguiremos de cerca, y allí donde os encontréis estaremos en presencia alentando a todos los trabajadores de la Luz que se esfuerzan por conseguir una mejora para el mundo y un acercamiento al Espíritu.

Llegará un momento en que todas las almas dormidas se reconocerán y el mundo dejará de ser lo que es para transformarse en su concepción original.

Nuestro amor y apoyo siempre os acompañan, mas nunca olvidéis cuidar mucho y con esmero vuestros vehículos físicos pues sin ellos todo este gran trabajo interior no podría manifestarse en el planeta.

Aquello en lo que creas será tu realidad y tu verdad.

Lo que crees que eres es lo que manifiestas y lo que el mundo ve.

Esto es importante siempre, y ahora mucho más.

COMENTARIO: este mensaje va dirigido a todos los trabajadores espirituales que se esfuerzan por vivir su existencia entre el mundo cotidiano y el espiritual.

Es un llamamiento a la esperanza de un mundo mejor, en el que todos podamos reconocernos como hermanos, pero hasta que llegue ese momento hay mucho trabajo por hacer. La buena noticia es que no estamos solos; disponemos de unas ayudas muy especiales desde otros planos de existencia, y eso no tiene precio. El servidor espiritual es una persona feliz, su vida es más plena y lúcida. Pero esa misma felicidad y plenitud que siente de contribuir al bien común del planeta y de los seres, en ocasiones, le puede llevar a olvidarse de sí mismo, por eso Miguel y Gabriel nos recuerdan la importancia de nuestro cuerpo físico y de sus cuidados para mantener un óptimo estado de salud y bienestar y que el trabajo interior sea más seguro.

El mensaje termina con una afirmación sobre las creencias muy interesante. Os invito a que reflexionéis sobre ellas con calma y la integréis en vuestra vida.

SOBRE LA BÚSQUEDA

Mensaje de Miguel

La búsqueda del Ser se lleva a cabo en la más absoluta de las discreciones.
El deseo de encontrar es una proyección del ego personal. Este siempre compara y aspira cada vez a mejores y mayores logros para su propia gratificación, pero al no tener

medida nunca disfrutará conscientemente de ellos, tan solo lo impulsa el deseo desmedido de obtener cosas.

Todas las formas de realización que cada uno elija deberían estar basadas en el conocimiento profundo de la forma misma y, desde ahí, crear y experimentar lo creado.

La comprensión es exclusiva de cada individuo, pero estoy seguro de que este mensaje llegará a las mentes que puedan transformar la información que contiene en alimento para su alma.

¡Buscad siempre en vuestro interior! ¡Buscad sin condicionamientos, por vosotros mismos!... y aquello que encontréis conocedlo bien, comprendedlo, disfrutadlo, experimentadlo y luego, mostradlo al mundo desde su origen: desde el corazón.

Siempre a vuestro lado

COMENTARIO: el camino de la búsqueda del Ser interno es largo, lleno de obstáculos y pruebas, pero a la vez es un mágico sendero pleno de oportunidades y tesoros por descubrir y con los que llenar la mochila de nuestra existencia hasta llegar al descubrimiento de nuestra verdadera identidad divina.

Lo más complicado, el reto al que nos enfrentamos, es llegar a ese camino y no salirse de él. El ego, o personalidad inferior, también buscará, pero en este caso será para su propio interés y vanagloria, tratando de alejarnos de nuestra meta espiritual por medio de «convincentes razones», en su afán de ser el único que controle la situación.

Comprender a lo que nos enfrentamos en nuestro interior y elegir serenamente nuestra opción nos hará fuertes.

SOBRE EL MIEDO

Mensaje de Shamael

El miedo entorpece pero el amor favorece el camino del crecimiento espiritual.

Es verdad que existen muchas manifestaciones de la misma vida, y que cada una de estas manifestaciones se diferencia por el nivel de Luz que contiene. Teniendo eso en cuenta, deberíais vivir en vuestro mundo sin que ello resulte un obstáculo para llevar a cabo vuestras acciones. Porque sois Hijos de la Luz y ella os protege siempre que la tengáis presente. De la misma manera que no se teme al agua cuando se sabe nadar, es importante confiar más en vuestro Origen, pues solo así estaréis seguros de que nada podrá perturbaros ni causaros ningún mal.

La Luz disipa las tinieblas. Vuestra Luz, la que irradiáis continuamente, se manifiesta hacia fuera, y eso es positivo, pero debéis ser conscientes de que esa misma luminosidad magnética que los demás perciben sale desde vuestro interior, donde habita eternamente. Y si su origen es interno, no temáis, pues nada ni nadie podrá arrebatárosla, a menos que vosotros mismos con vuestra inseguridad y vuestros temores la ocultéis tras los velos de la ignorancia.

No olvidéis nunca que sois Luz, una Luz inextinguible, una Luz que, por su naturaleza, tiende a crecer y a expandirse cada vez más.

Cuando tengáis miedo, detened esa emoción, no permitáis que crezca. En ese momento envolveos en la Luz que emana de vuestro interior y, confiados, observad cómo el temor disminuye hasta su total desaparición. Recordad siempre:

No hay nada más poderoso que el Amor,
nada más fuerte que la Luz del Alma,
nada más extraordinario que la Vida.
Amor, Luz y Vida se encuentran dentro de cada uno de los seres humanos. Experimentadlos y sed felices.

COMENTARIO: uno de los más grandes obstáculos a los que los seres humanos nos enfrentamos es el miedo. Se trata de una emoción tan fuerte que parece llevar el control de nuestra vida.

Toda persona buscadora, que trata de conocerse a sí misma y emprende un camino de crecimiento interno, sabe que es un Ser espiritual y que su origen es la Luz Divina. Lo verdaderamente complicado es vivir de forma coherente y de acuerdo con esta creencia.

A menudo, comparo estas dos polaridades, el miedo y la Luz, como dos fuerzas opuestas, cada una en un extremo de una misma línea. Cuanto más nos acerquemos al lugar donde se encuentra la Luz, mayor será la distancia que nos separe del extremo opuesto, es decir, del miedo.

Shamael nos recuerda el poder innato que todos tenemos y nos invita a protegernos con este poder magnético, confiando en él y manteniéndolo presente en nuestra mente como medida para erradicar el miedo que paraliza nuestra vida y nuestro desarrollo interior.

Sobre las almas gemelas

Mensaje de Gabriel

Las almas gemelas forman una dualidad al desprenderse como partícula vital del Todo en el principio de los Principios. Esta partícula de Vida que parte de la Esencia Divina es doble.

La componen dos principios que se corresponden entre sí. Al recorrer este camino de evolución se dividen, adquiriendo ambas en la vida todas las experiencias necesarias para su progreso. Llegado el momento se reunirán y, en el futuro, las almas, una vez reconocidas, recorrerán su camino juntas, uniendo sus experiencias y vivencias puesto que son Una en cuerpo y espíritu.

La perfección se alcanza con la sabiduría compartida y llevándola hasta la Casa Paterna, en donde se unirán al Todo del cual salieron.

Realmente es el Espíritu, que en el camino de regreso al Hogar Divino será la dualidad hecha Uno.

He ahí la felicidad total que existe y os espera a todos vosotros. Nosotros seremos testigos de ese vivir maravilloso.

COMENTARIO: cuando pensamos en almas gemelas, generalmente lo asociamos a parejas sentimentales perfectas con las que alcanzar la felicidad completa. El mensaje de Gabriel, aunque muy concreto, nos deja entrever que no se trata de otra persona muy afín a nosotros, sino de algo más íntimo, tanto que forma parte de nosotros mismos.

Nuestra alma está dividida desde el momento en que comenzó su «viaje» de aprendizaje fuera de su verdadero Hogar. Su división se llevó a cabo con el fin de que ambas partes pudieran alcanzar una mayor y mejor comprensión de la existencia.

En el interior de todos los seres humanos habita un alma. Pero esta también dispone de su contraparte, aunque no estén unidos en el mismo cuerpo y existan en diferentes niveles de conciencia. Por ejemplo, en una mujer, la contraparte de su alma sería el «animus» (el principio masculino), y en el hombre, sería el «anima» (el principio femenino).

Esta otra mitad del alma es su complemento perfecto pues tiene en sí misma las cualidades y características que faltan en la otra parte. Al juntarse ambas mitades renacen a la Unidad que eran. Todo lo necesario se encuentra entre las dos. Todo el Universo está contenido en ellas. La verdadera felicidad es su propia experiencia de unidad. La energía que fluye entre las dos es amor sin condiciones. Cuando buscamos el amor verdadero, inconscientemente estamos tratando de encontrar nuestra otra mitad, sin saber que esta no es humana.

La búsqueda de una pareja gemela nos puede conducir a pequeñas o grandes frustraciones ante la casi imposibilidad de hallarla. Todos los seres humanos somos distintos, aunque de esas diferencias también aprendemos muchísimo al convivir.

Lo que sí podemos llegar a encontrar son parejas complementarias. Personas que, aun no siendo idénticas a nosotros, se complementan de tal manera que nos ayudan a vivir, a aprender de ellas y a sacar lo mejor de nosotros mismos.

En el camino del conocimiento interno y a través de la meditación, podemos llegar a sentir la cercanía de nuestra *anima* o de nuestro *animus*, siendo conscientes de nuestra verdadera identidad espiritual, a través de nuestro vehículo humano, e integrarla para sentirnos más completos y felices.

SOBRE EL ESFUERZO

Mensaje de Miguel

Todo esfuerzo tiene siempre su recompensa.

Cada acto realizado y pensado para ampliar las relaciones y el amor fraternal entre las personas crea un vínculo permanente con vuestro espíritu.

Cada trabajo físico ha de hacerse necesariamente con la materia. Sin embargo, las ideas, los proyectos e ideales surgen de lo más profundo de vuestro ser. Allí estamos nosotros, vuestros guías, actuando como meros espectadores de esta interesante y mágica trama que es la vida humana. En el contexto espiritual, la Vida simboliza a la Divinidad en continuo desarrollo y expansión. Es por eso por lo que con el tiempo, el ser humano se vuelve más consciente de su propia vida, de todo lo que le rodea y también de su verdadera Identidad Esencial. Cuando esto sucede, el ser humano no puede dejar de ampliar esta conciencia hasta llegar a vivir absolutamente «despierto» en su realidad.

No desesperéis, ni os desaniméis porque, aunque hay mucho por hacer, sabed que se está realizando una gran labor conjunta y que todo esfuerzo siempre producirá sus frutos, por pequeños que sean.

¡Adelante, mis Guerreros de la Luz!
¡Mirada al frente, pecho henchido y voluntad firme!
¡Caminad hacia la Luz del Hogar, y mientras llegáis a él, que seáis muy felices!

COMENTARIO: es cierto que la vida es interesante y mágica. Solo tenemos que mirar hacia atrás y comprobaremos la cantidad de situaciones y experiencias que hemos vivido y de las cuales hemos aprendido.

Las personas se esfuerzan cada día para sobrevivir, pero eso no es suficiente. El mensaje de este escrito nos dice que la vida es pura conciencia creciendo sin parar. Al ampliar nuestra mirada interior podremos darnos cuenta de ello y experimentar otra realidad más rica y mejor en la que trabajar desde la mente consciente y no desde la automática, que nos conduce a una existencia mecánica, rutinaria y limitada.

El mundo profundo de las ideas es infinito; cuando uno despierta a esa realidad no puede dejar de apasionarse y de crear, no puede dejar de sembrar proyectos e ilusiones para ser compartidos. Ese tipo de esfuerzo mental es tan gratificante que, necesariamente, le hace a uno sentirse feliz.

Sobre el cambio de conciencia

Mensaje de Miguel

El cambio de conciencia mundial se va acercando progresivamente y, aunque queda mucho por hacer, los progresos conseguidos son numerosos. Mi intención es transmitiros ánimo para continuar colaborando con el Plan Cósmico establecido y, también, daros las gracias por las buenas intenciones que ponéis para conseguirlo.

De forma inconsciente, la mayoría de vosotros trabaja con el Universo y de ese modo vuestra vida se va engrandeciendo cada día más.

A través de una firme voluntad la inconsciencia se vuelve conciencia, las situaciones se transforman completamente, y se tornan más claras la visión interna, el propósito y el camino que se ha de seguir.

Gracias a todos los que escuchan y siguen el dictado de su corazón.

Apoyo incondicional y amor eterno a mis guerreros

Comentario: lo creamos o no, el cambio de conciencia es un hecho al que vamos despertando gradualmente. En la actualidad, vivimos en un mundo de durmientes, y entre todos formamos un conjunto de individuos experimentando el «sueño» de la vida, mientras pensamos que es la realidad.

La nueva conciencia nos dice que formamos parte de un Todo universal, pero nuestra colaboración natural con el Plan Cósmico se lleva a cabo, de manera inconsciente, por la

mayoría de las personas. Con el tiempo, la voluntad de crecer y desarrollarnos interiormente va ampliando de forma progresiva nuestra conciencia, volviéndola más clara y receptiva con el fin de alumbrar nuestros caminos, tanto el humano como el espiritual.

Miguel anima a sus «Guerreros de Luz» transmitiéndoles su apoyo y su amor incondicional, tan necesarios para mantenernos firmes y escuchar al corazón en nuestra vida cotidiana.

Sobre el Plan Cósmico

Mensaje de Amalur

Desde los planos superiores de conciencia se envían continuos mensajes, ideas y proyectos de Luz y de apertura. Estas ayudas van dirigidas a aquellos que sirvan a sus hermanos y colaboren con el Plan Universal.

El Plan Universal no es otro que la unidad de todos sus elementos, en todas sus frecuencias vibratorias y en toda su diversidad de formas. Para ello es necesaria la debida instrucción, así como la suficiente apertura para recibirla y aprovecharla adecuadamente.

Aunque queda bastante por hacer, también se ha conseguido mucho. Se está consiguiendo día a día. El camino es dificultoso y transitar por él se vuelve complicado en ocasiones. Mas cuando el caminante está preparado, afronta con decisión su hoja de ruta considerando que su llegada a la meta le compensará de las vicisitudes que se puedan presentar.

Así, mis queridos hermanos, así deberemos afrontar todos el camino de evolución: con sus altos y sus bajos, con sus zonas áridas y con sus praderas. A cada paso que deis, pensad en la meta como más cercana y visualizad cómo os vais acercando a ella. No permitáis que dejen huella en vuestro ánimo los parajes pedregosos o abruptos que necesariamente debéis recorrer. De todo ello sacad partido, buscad la belleza que esconde un desierto, buscadla con atención y con intención... Seguro que sabréis encontrarla. Los mensajes de apoyo siempre son los mismos –¿y cómo van a ser diferentes?–. Únicamente apoyo es lo que necesitáis para sentiros seguros, ya que la Luz y la protección las lleváis con vosotros y forman parte de vosotros; solo es necesario que lo creáis.

El mundo actual es caótico en general y perturba todos los niveles del ser humano. Vuestra aportación al Plan es tan necesaria como el alimento para el organismo, mas no esperéis retribución alguna. Por el contrario, extended la mano para compartir este alimento espiritual, ese pan tan necesario, y retiradla antes de recibir un pago a cambio. Devolvedla a su lugar para que siga repartiendo de forma generosa, libre y fraternal.

Poco a poco, vais reconociendo en vuestro interior una guía oculta, una Luz, una vida paralela y diferente que os infunde ánimo, serenidad, paz y claridad mental. En la vida diaria, dirigid vuestra atención hacia esa Luz. ¡Abríos a esa radiante energía! Porque en la misma medida en que la recibáis notaréis su influencia, facilitando vuestro camino.

Gracias por atender a mi llamada de atención y por recibir, con apertura, el apoyo que os transmito.

Fraternalmente

COMENTARIO: la vibración de este Ángel es solemne, como la de un sabio maestro. Su influencia es como un bálsamo de serenidad que facilita la comprensión de todo lo que intenta transmitir en sus dictados.

En mi opinión, el sentido de fraternidad y unidad del que nos habla Amalur solo se consigue, y muy poco a poco, cuando uno adquiere profunda conciencia de sí mismo. Es ese momento en el que percibimos otra realidad más amplia y en la que están incluidos todos los demás. Al reconocer nuestra propia Luz, podemos ver la de quienes nos rodean.

No olvidemos que el camino que se ha de recorrer es más interesante que la llegada y, por muy difícil que sea, siempre resultará más fácil si lo alumbramos entre todos.

SOBRE LA GRATITUD

Queridos hermanos, cuanta más conciencia desarrolléis, más agradecimiento sentiréis por la vida.

La existencia sucede en cada reino y da paso a continuos cambios y evoluciones.

Mas cuando la conciencia despierta a la Luz de la Vida, florece el sentimiento interno de la «gracia» que ha permanecido dormido durante muchos ciclos de existencia material.

COMENTARIO: este escrito fue dictado por un Ser de Luz que no manifestó ningún nombre para identificarlo. Solo puedo decir que su aura era purísima, cálida y envolvente.

La gratitud de la que habla es la misma sensación que me embargó internamente durante todo el tiempo que mantuvimos el contacto. El sentimiento de gratitud es un estado de gracia tan poderoso que raya en el éxtasis.

Cuando nos sentimos agradecidos a la vida, no necesitamos más; no hay palabras que definan esa profunda alegría interna. Aunque a veces nos cueste admitirlo, hay múltiples causas para dar las gracias por estar aquí. Desde las más sencillas hasta las más importantes, siempre encontraremos motivos suficientes para agradecer aquellas cosas, personas, experiencias, etc, que tenemos y disfrutamos.

Darse cuenta de ello es una cuestión de conciencia, es decir, de poner más Luz en nuestra vida para saber mirarla con otros ojos.

Sobre la vejez

Mensaje de Miguel

La vida es un continuo cambio; a un ciclo le sucede otro y en cada uno de ellos algo se pierde y algo se gana.

El ser humano tiende a darse más cuenta de todo lo que pierde, pero pocas veces es consciente de lo que gana.

Cualquier momento es ideal para hacer recuento de lo que se ha quedado en el camino, por no ser ya necesario, y de lo que ha llegado para formar parte del equipaje humano y espiritual.

Vuestra maleta, la que portáis en el recorrido de la vida, nunca esta vacía, aunque a veces tengáis esa impresión.

Al llegar a este plano de conciencia todos traéis una hipotética maleta; dentro de ella se encuentran los valores fundamentales para ayudaros a comenzar una nueva etapa en la Tierra. Con estos valores empezáis a vivir, acumulando las experiencias que de ellos proceden.

En la madurez, la «maleta» está repleta de contenidos. Pero en la vejez, la sensación más habitual es de vacío, abandono e inexistencia de todo lo que había formado parte de la vida pasada. Esta etapa se percibe como de inutilidad: las reservas se han gastado, ya nada importa ni merece la pena y solo queda esperar, de la mejor manera posible, muchas veces con intensa amargura, el definitivo adiós.

¿Dónde queda el equipaje, entonces? ¿Qué ha sido de la maleta y su contenido con la que llegasteis a este mundo?...

En el Universo nada se pierde, todo es transformado, aumentado, modificado, y si esa maleta llegó repleta de valores y creció con experiencias a lo largo del camino de la vida, es lógico pensar que en la vejez dicho equipaje sea aún más grande, más valioso e interesante si cabe, pues a la suma de sus valores originales se han ido añadiendo las vivencias personales de toda una vida y, en definitiva, todo ello se traduce en mayor sabiduría. ¿Por qué olvidáis esa sabiduría cuando envejecéis?... Esa etapa de la vida debería ser motivo de dicha. Si la vejez conlleva dolor, abandono, melancolía y soledad es porque aún no habéis sabido separar la personalidad de la verdadera identidad. La identidad del Ser es, cada año que pasa, más grandiosa, sabia y singular. Grandeza, sabiduría y singularidad son valores añadidos a los ya contenidos en vuestro equipaje de origen, y con todos ellos podéis trabajar antes de abandonar definitivamente vuestro lugar en esta dimensión. El trabajo al que me refiero no es otro que el servicio humanitario. Hay

infinidad de formas de servicio adaptadas a la edad. Las modalidades de trabajo también se ajustan a las diferentes situaciones de la vida, pero siempre habrá alguna manera en la que poder colaborar con el Plan Universal. Quizás os sigáis preguntando de qué forma. Si todavía os quedan dudas, ahí va la respuesta: «abriendo vuestra maleta» y aprovechando los recursos que contiene.

No importa la edad que tengáis, no importa el nivel cultural, no importa la forma física; tan solo se necesita la voluntad de servir, teniendo siempre presente que nunca tendréis las manos vacías.

Llegasteis a este mundo con un importante equipaje espiritual y marcharéis con él aún más completo. Mirad dentro, valorad su contenido y utilizadlo para el bien común, manteniendo la maleta abierta a cualquier hora.

Con amor

COMENTARIO: este bello mensaje nos invita a mirar desde otra perspectiva la tan temida ancianidad. Una persona, por mayor que sea, siempre tendrá oportunidad de ayudar a otras según sus capacidades. Los servicios que se prestan de forma voluntaria y para el bien general son preciosas motivaciones que la vida nos regala para que podamos seguir disfrutándola cada día con la misma ilusión.

Sentirse útil es de suma importancia en la vejez. Nuestro bagaje humano y espiritual nos acompaña siempre en nuestra trayectoria sobre la Tierra. Hacer uso inteligente de él es cosa de sabios.

SOBRE LA CONEXIÓN INTERNA

Mensaje de Miguel

En los tiempos que vivís es necesario que encontréis unos momentos para la conexión interior. Las dispares energías que os rodean confunden y desgastan vuestras capas protectoras. Es muy importante que aprendáis a suministraros, diariamente, la dosis de energía revitalizadora y aislante necesaria, para reforzar las capas que protegen vuestros centros vitales y, por lo tanto, también vuestra salud.

Estamos siempre en contacto con vuestra Luz, dispuestos a serviros de ayuda y guía cuando la solicitéis y estéis abiertos para recibirla.

Sabed que a medida que el intercambio de energía e información, entre vuestro plano y el nuestro, sea más frecuente, mayor será la capacidad de entendimiento y no solo espiritual, sino incluso intelectual, ampliando de esta forma vuestras mentes.

Cuidad, en especial, la manera en la que os comunicáis con vuestros semejantes. Evitad la crítica, la censura, la intolerancia, el rencor y la soberbia. Basad todas vuestras relaciones en la aceptación y el respeto al prójimo.

Debéis estar preparados para los tiempos venideros, en los que los cambios serán extremadamente rápidos y continuos. Aceptar y aprender en cada etapa de la vida os ayudará a crecer internamente y a ser más capaces de colaborar con otros seres que, como nosotros, precisan de vuestra ayuda. Establecer un diálogo permanente de comunicación clara y continua con las dimensiones más cercanas es una realidad futura para el ser humano. Para ello, previamente, deberá pasar por una voluntaria y minuciosa preparación interna.

Así, tras el trabajo y el esfuerzo, de forma natural cada persona dispondrá progresivamente de la información adecuada a su evolución. Esta ayuda servirá tanto para fines espirituales como para la vida cotidiana, siempre que sea dirigida correctamente y sin daño hacia ninguna criatura.

Estas líneas son para transmitiros el apoyo y el ánimo para seguir trabajando con vosotros mismos sabiendo que no estáis solos y que vuestro desarrollo interior va progresando adecuadamente cada día, aunque no tengáis conciencia de ello.

COMENTARIO: la clave del autoconocimiento es tomar conciencia: aprender a parar, a respirar, a observar, a sentirse, a disfrutar el momento presente. Llevar esta práctica a la vida cotidiana nos ayudará a establecer contacto con nuestra realidad más profunda, con nuestro Yo Superior o Alma.

Todo el conocimiento que necesitamos está dentro de esa realidad, toda la fuerza y la protección que precisamos en esta existencia se encuentran ahí.

No debemos olvidar que para poder alcanzar otros niveles de conciencia más sublimes, primero hemos de superar las trabas de nuestra personalidad humana y llegar al encuentro con nuestro supremo Yo. Este es el trabajo del que nos habla Miguel, un esfuerzo de purificación que solo nosotros debemos hacer. No obstante, cuando uno se sabe protegido el trabajo es más fácil, incluso muy agradable.

Sobre la causa y el efecto

Mensaje de Napael

Al desarrollarse la conciencia se amplían las capacidades físicas y mentales, y por lo tanto también se intensifica el poder del pensamiento. Hay que tener especialmente cuidado con el contenido mental. Revisar a menudo vuestros pensamientos y proyecciones es muy importante, porque cada uno de ellos lleva su parte de responsabilidad, según sea su naturaleza esencial.

Abandonad el resentimiento, la irritabilidad y la ofuscación. Practicad el desapego y la ecuanimidad. Es fundamental que tratéis de desarrollar estas cualidades, pues a medida que avanzáis en el camino del crecimiento interior, la respuesta a vuestras acciones y pensamientos será equiparable a la de vuestra evolución: a mayor crecimiento, mayor responsabilidad.

Mas no todo son preceptos. De la misma manera en que os esforcéis obtendréis los regalos de la vida, como la facilidad de entendimiento, la adaptabilidad energética y la ayuda de los planos superiores. Estos planos influyen directamente sobre la intuición, la toma de decisiones, la fuerza y el poder de transmisión. La ley de la justicia y el equilibrio os concede, por un lado los dones y por el otro la retribución de estos. La finalidad no es otra que el desarrollo de la ecuanimidad en el vivir cotidiano para un mayor y mejor reparto del sentimiento universal, del Amor sin condiciones.

Comentario: Napael nos habla sobre la Ley del Karma o Ley de causa y efecto.

Cada pensamiento, palabra u obra generan un tipo determinado de vibración y según sea esta, así será el efecto que produzcan. Por este motivo es tan importante que revisemos, tal como nos indica Napael, el contenido de nuestra mente lo más a menudo posible porque con frecuencia y de forma inconsciente la cargamos con pensamientos negativos influenciados por el entorno y las experiencias cotidianas.

El esfuerzo de tomar conciencia de vez en cuando sobre lo que pasa por nuestra cabeza desarrolla las cualidades que, desde los planos superiores, se derraman sobre nosotros con el fin de aportarnos las ayudas necesarias hasta que lleguemos a alcanzar la máxima de estas cualidades en nuestro corazón: el amor incondicional. Entonces lo manifestaremos en nuestras vidas.

Sobre la Conciencia Superior

Mensaje de Anael

La Conciencia Suprema Infinita y Eterna se encuentra en continua creación y división. Una parte de estas divisiones o fragmentos es la conciencia individual humana que prevalecerá a través de los tiempos, pasando de un nivel a otro, aprendiendo, experimentando y haciendo partícipe a su vehículo, cuando este se encuentre maduro y preparado, para vivir con dos estados mentales simultáneamente. Esa es la idea general de la vida eterna. Las manifestaciones son efímeras, aunque necesarias para el aprendizaje y la

evolución del alma humana. El alma, compañera del vehículo de expresión, migrará de un cuerpo a otro aumentando, con cada uno de ellos, su saber y su poder.

Todo esto forma parte del Supremo Proyecto para alcanzar la máxima perfección y sabiduría, entendiendo como perfección aquello que es puro, transparente, sin mácula alguna, en cada fragmento de conciencia que da lugar al ser humano.

La vida es una continua prolongación de estados de conciencia diferentes. La verdadera identidad del «sí mismo» no es aquella con la que se identifica la personalidad. Cuando se experimenta el Yo Esencial es cuando el ser humano comprende su naturaleza real, una naturaleza que jamás se extingue, sino que se amplía continuamente.

En cada existencia física, el cuerpo y el ego que lo habita crean un papel y lo representan: una dramatización diferente cada vez, mientras la verdadera identidad del «actor» permanece oculta y solo se revela cuando este se despoja de sus ropajes y máscaras teatrales.

En los diferentes niveles de conciencia, existe una parte de vuestro fragmento primordial esperando ser activada. Cada una de estas partes puede experimentar una realidad diferente al mismo tiempo; de esas realidades generalmente no se tiene conciencia racional.

Las palabras no alcanzan a explicar una realidad tan grandiosa e inabarcable; únicamente la experiencia individual podrá llegar a comprender el alcance de esta magnífica verdad de la existencia infinita.

Vuestro hermano Anael os desea paz, serenidad y voluntad para el camino.

COMENTARIO: en este comunicado de Anael queda explicado cómo el alma va cambiando continuamente sus vehículos de expresión para poder aprender en cada uno de ellos y llegar a alcanzar la perfección, que no es otra cosa que experimentar su verdadera identidad divina.

Los humanos vivimos desde la conciencia personal, el ego. Lo que debemos desarrollar es la conciencia superior, que se manifestará cuando estemos preparados para ello. De momento seguimos viviendo una vida irreal, una recreación, una película... en donde cada uno de nosotros interpreta el papel que le ha tocado representar. Son muchos los personajes que interpretamos a lo largo del infinito viaje del alma; seguramente unos nos gustarán más que otros, pero todos ellos han sido elegidos y aceptados por el «actor» oculto que habita en nuestro interior y que así permanecerá hasta que la totalidad de sus disfraces caigan y podamos ver su verdadero rostro y comprender, al mismo tiempo, el significado de sus representaciones.

SOBRE EL SER INTERIOR

Mensaje de Miguel

Si desarrolláis el hábito de tomar decisiones desde el interior, desde vuestro Ser Esencial, receptáculo de compasión y sabiduría, nunca cometeréis errores, aunque a simple vista pueda parecerlo.

Cada ser humano es un caminante solitario que ha olvidado el camino de regreso a su Hogar de Origen y, de forma inconsciente, vaga durante un tiempo buscándolo sin saber lo que busca.

Con el paso de los años, sigue indagando con mayor intención, mirando aquí y allá, probando muchos caminos.

A veces el caminante desfallece y siente que está perdido, pues se observa dando vueltas y más vueltas sobre el mismo lugar. Se siente atascado, sin meta... A veces, si las respuestas a las preguntas sobre su estado de confusión se retrasan, llega a dudar incluso de la existencia de ese Hogar del cual partió.

Todo esto lleva al caminante a replantearse su camino, su meta final e incluso sus propios pasos, y a preguntarse: «¿Qué estoy haciendo mal?». Es en este punto, más que nunca, cuando el caminante debe tomarse su tiempo de adaptación al medio en el que se encuentre, porque el camino cambia constantemente a medida que el pie avanza. El paisaje no es igual en ningún momento; a veces luce el sol y el entorno se ve radiante, mientras que en otras ocasiones la oscuridad se apodera del lugar y la negrura lo envuelve todo, privando de visión clara al caminante, forzándolo a parar y a refugiarse en algún lugar seguro en donde descansar hasta que la luz vuelva a brillar de nuevo y muestre el sendero que debe seguir.

¡Amigo caminante! Si la oscuridad envuelve el sendero por el que transitas, detente un momento, no sigas avanzando a ciegas, ¡podrías caerte! Busca con atención un lugar cercano, seguro y acogedor que haga las veces de «Hogar» provisional. Este lugar será el apropiado para el descanso y las reflexiones. Este lugar lo llevas contigo, está en tu interior. Después, recargado de energía, descansado y a la luz de un nuevo amanecer, ante tus ojos aparecerá el camino de regreso bien marcado.

Las dudas que surgen sobre la dirección que debéis tomar durante el viaje son manifestaciones de la ignorancia y del temor a equivocarse. ¿Sabéis por qué teméis elegir un camino equivocado? Principalmente por la frustración de volver a empezar de nuevo. Por este motivo, es tan necesario tomarse tiempo para el descanso, la reflexión y el reparador silencio mental antes de elegir otro trayecto apresuradamente.

Una vez recuperados, llenos de vitalidad y fuerza reanudaréis la marcha a la salida del sol, llevando una mochila vacía para recoger en ella las futuras experiencias y lecciones que el incansable caminante encuentra en su viaje.

Como sabéis, la meta no es el camino, pero en el camino se experimenta diariamente la meta, si sois capaces de verla.

COMENTARIO: cuántas veces, en nuestra vida, nos encontramos bloqueados, paralizados y sin saber hacia dónde dirigirnos. Eso es algo que nos sucede a todos en algún momento, y el problema está en dejarnos llevar por la confusión y el miedo pues son dos emociones que nos oscurecen la visión real de las cosas.

No conocer el camino que debemos seguir no es tan importante; no ocurre nada porque nos equivoquemos en la elección, ya que finalmente lo encontraremos todos. Pero sí es conveniente poder llegar a un estado de calma tal que nos permita discernir con serenidad cuál es el más adecuado en cada ocasión, ya sea o no el verdadero.

La ecuanimidad, el silencio de la mente y la calma se encuentran en nuestro interior. La impaciencia y el miedo a equivocarnos nos alejan de estas cualidades naturales que nos permiten ver e intuir en cada momento del vivir cotidiano lo más necesario para nuestro avance.

Sobre la fe

Mensaje de Miguel

Muchas veces hemos hablado sobre los cambios y la aceptación de estos en vuestra vida. Teóricamente suele ser sencilla su comprensión, pero en la práctica no lo es tanto. ¿Por qué se complica? La respuesta sería: por miedo a la ruptura con lo conocido, y concluiría diciendo que también por la falta de fe, falta de fe en uno mismo y en la vida.

Si la energía nunca se destruye, tan solo cambia de forma, deberíais pensar que nada puede separarse del Todo. Solo son apariencias de algo que pierde una forma para ganar otra mejor, pero manteniendo sus conexiones. La ola se separa momentáneamente del mar para acercarse hasta la orilla, mojar la arena y volver de nuevo a formar parte del conjunto del océano.

El dolor de la ruptura y el conflicto interno que genera un cambio son, por muy profundos que podáis sentirlos, algo superficial, como la espuma de la ola en el ejemplo anterior. Cuando la emoción es fuerte, el estallido de la ola en la orilla provoca una gran cantidad de espuma en su superficie pero esta desaparece en su retroceso y regreso al mar.

Todo conflicto está generado por el concepto que tiene el ego sobre la muerte. La muerte es renacer a otro estado de vida. La ruptura entre una vida y otra es una aparente separación en la que se cambia la forma, pero la existencia continúa formando parte de la totalidad.

Diariamente renaces en todos los niveles. Si tu conciencia se aferra a un solo estado, hay muerte permanente para todos los demás. La muerte permanente es el tiempo de espera entre un estado y otro de existencia. La vida debe transcurrir como una sola en todos los niveles de conciencia.

En momentos de ruptura, conflicto interior o dudas existenciales, es necesario establecer un vínculo con la fe. Este tipo de fe de la que os hablo no es la de creer sin ver. La fe a la que hago referencia es la de «creer sintiendo». Por medio de los sentidos internos hallaréis la fe perdida. Fe o confianza es lo mismo: fe de sentirse, fe de conocer conociéndose, fe de esperar solo lo mejor, fe de percibirse como espíritu divino.

Reflexionad sobre estas palabras, no os limitéis a leerlas. Integradlas en vosotros mismos y tratad de comprenderlas. El camino del aprendizaje no es complicado, sino sencillo. Lo dificultoso es querer seguirlo con un mapa equivocado, porque podréis pasar una y mil veces ante vuestro objetivo sin daros cuenta.

Allí donde vosotros no podéis imaginar hay confianza en el género humano.

Paz en vuestros corazones

COMENTARIO: esta reflexión de Miguel me hace pensar sobre esta sociedad en la que vivimos y sobre cómo hemos llegado todos, poco a poco, a perder la fe en ella. No confiamos en el mundo que vivimos porque no tenemos ninguna fe en las personas que lo habitan y tampoco en nosotros mismos.

El miedo a la ruptura del que nos habla Miguel sería la respuesta. La pérdida de lo que consideramos nuestro nos causa tanto rechazo que no queremos verlo como algo natural y preferimos llenar nuestras vidas de cosas superficiales que nos impiden profundizar sobre las verdades esenciales. Y la verdad es que no tenemos nada fuera de nosotros mismos. ¡Nada más!... ¡y nada menos!, ya que todo se encuentra en nuestro interior. Es necesario experimentarse desde lo interno para volver a recuperar la fe. Cuando uno mira hacia dentro y se encuentra, deja de tener miedo a la pérdida porque comprende que no hay nada que perder. Lo valioso, lo eterno, lo real se mantiene siempre vinculado porque forma parte de una sola Verdad. Se pierde lo externo, lo superficial, lo banal, pero eso no forma parte de la Verdad; es irreal y por tanto desaparece tan rápido como aparece.

Recuperando la fe perdida en nosotros renace la fe en todo lo demás. El mundo deja de convertirse en una amenaza para volverse una aventura en la que el protagonista es feliz y siempre gana.

Me quedo con esta magnífica frase para reflexionar: «Fe es creer sintiendo». ¿No es cierto que cuando sentimos profundamente algo, lo creemos como si fuera verdad?

SOBRE LA MÚSICA

Mensaje de Miguel

¡Hay tantas cosas que no podéis apreciar! No solo las visibles sino también las audibles. Sonidos que no llegáis a escuchar, músicas que permanecen en las ondas que no captáis y que armonizan los lugares por donde pasáis haciéndoos sentir bien.

¡Recordadlo! Cuando os sintáis en paz y armonía en algún lugar especial, ¡allí hay música!

Mensaje de Napael

La buena noticia que hoy os traigo es que «sois únicos». Si pudierais escuchar la sinfonía que creáis entre todos, os maravillaríais.

Cada uno de vosotros emite una nota musical y todos juntos formáis una delicada melodía; no tratéis de alterar ninguna de sus notas. La partitura original está concebida para que se escuche así, de esta manera. Por el contrario, disfrutad de ella, y al mismo tiempo emitid vuestra propia nota aún más clara, acoplándola al resto para expandirla juntos y llenar el universo de música celestial.

Somos Uno

Mensaje de Miguel

Todo es música. La vida es música, el amor es música, el humor es música. Toda energía produce vibraciones que emiten notas y forman melodías.

Gracias por vuestro interés, por vuestro esfuerzo y sobre todo por vuestra entrega. Gracias por esos corazones tan grandes.

¡Qué belleza admirar vuestra energía! Quedáis tan bien sobre el escenario... No hay nada comparable al Amor expresado de esta forma. Que sigáis trabajando tan bien y tan bonito.

Siempre a vuestro lado

COMENTARIO: de estos tres mensajes dedicados a la música, quiero destacar los dos últimos (el de Napael y el segundo de Miguel), pues van dirigidos al coro formado por nuestro grupo de meditación.

Somos un grupo de amigos y servidores que colaboran con su aportación, a través de la música y el canto, en organizaciones no lucrativas que trabajan para ayudar a los más desfavorecidos de la sociedad. Cuando cantamos, tratamos de poner el alma en cada concierto y parece ser que lo conseguimos, porque el público que nos escucha siempre se contagia de un entusiasmo inusual en este tipo de eventos. Al final, todos disfrutamos muchísimo y además participamos activamente en una buena causa.

¿Qué más podemos desear? Nuestros Ángeles han estado siempre alentándonos como grupo musical —no hay que olvidar que dedicamos muchas horas a los ensayos en nuestro tiempo libre, y eso a veces resulta fatigoso porque requiere una gran responsabilidad por parte de todos los miembros—. Desde el principio de nuestra labor solidaria, la energía angélica no nos ha abandonado en ningún momento, los podemos sentir a nuestro alrededor en el escenario y eso nos da mucha fuerza. A los Ángeles les encanta la música por su armonía y delicadeza; ellos son música, el Universo es música y nosotros, que somos energía con sonido, también somos música. Sentir la música, vivirla, cantarla y hacerla es como sentirse más cerca de Dios. Os lo recomiendo.

SOBRE EL APRENDIZAJE

Mensaje de Miguel

El aprendizaje no termina nunca, es como la vida: eterno. El propio Origen, regenerándose a sí mismo, nunca termina de experimentarse.

¿Sabéis qué significado tiene la vida? Experimentarse a uno mismo en todas las facetas y al mismo tiempo, experimentar a Dios en su gradual desarrollo interno. Como muchos sabéis, la vida es infinita porque vamos tras la sombra del Origen que abarca lo inabarcable en su continuo caminar. Por ese motivo ¡nunca desfallezcas, caminante!, pues tu Padre te precede marcándote el camino con su Luz. Con ella ilumina las sombras del sendero, dejando sus huellas tras de sí. Abre paso en el camino, y para acercarse a ti, camina más despacio, dándote ventaja para que lo puedas alcanzar. ¡No te detengas, caminante! Pues la distancia va creciendo día tras día y podrías correr el riesgo de no encontrar la senda por falta de Luz. ¡No te detengas! Sigue la luminosa vía y pon tus pies sobre las divinas huellas. Que así sea.

Este mensaje va dirigido a los infatigables «peregrinos de la Vida» que con su mochila al hombro recorren ilusionados el sendero marcado.

COMENTARIO: personalmente, entiendo en este mensaje que nuestra vida es una Gran Escuela en la que nunca acabamos de aprender. Lo más significativo es que parece ser que nuestro Origen también está «aprendiendo» por medio de Sí Mismo, creando constantemente para poder experimentarse a través de sus propias creaciones. Por lo tanto, nosotros, que vamos siguiendo sus pasos, de la misma manera vivimos esas creaciones y aprendemos de ellas aumentando así nuestra conciencia interna. Cuanta más conciencia sobre nosotros mismos desarrollemos y cuanto más incrementemos nuestras virtudes, más fácilmente podremos ver la Luz que nos acerque a su Presencia.

Según la física cuántica, vivimos identificados en la conciencia local manifestada (el yo personal), que es limitada, imprecisa y finita. Con el desarrollo de esta misma conciencia, conociéndola y aprendiendo a trascenderla alcanzaremos la conciencia no local, que es la que unifica todas las cosas porque es la Divinidad misma, la ilimitada, precisa y eterna Conciencia Suprema.

El camino del peregrino es el camino de la vida. Cada uno tiene que recorrer el suyo propio, aunque las diferencias las marcará el propósito y la actitud del caminante. No todos encaramos nuestra vida de la misma manera. Miguel dirige su mensaje a los que marchan ilusionados por el sendero previamente marcado (iluminado por la conciencia), y con la mochila al hombro para guardar lo aprendido aquí y allá.

Con entusiasmo, predisposición y atención resultará más fácil recorrer nuestro destino, aprendiendo de los problemas y levantándonos tras la caída, si es posible con una sonrisa en los labios.

Pequeña reflexión

Mensaje de Miguel

En cada año que termina, vuelve tu mirada hacia el pasado y reflexiona: ¿cuántos acontecimientos vividos te han enseñado a valorar más tu vida? ¿Qué has aprendido en todo ese tiempo que puedas incorporar a tu «equipaje»?

Mucho ha sido lo vivido y aprendido, y todo ello sirve para hacerte crecer por dentro.

No olvides nunca que cada día que pasa te aporta una nueva Luz para que tu brillo interno nunca se apague sino que aumente, y esa Luz será más intensa cada vez hasta que llegue el momento en que puedas verte tal cual eres en toda tu magnitud y belleza.

Recoge fuerza luminosa ahora para el nuevo ciclo que se aproxima, y afróntalo con valor, serenidad y alegría.

Paz y Luz son mi legado

COMENTARIO: este comunicado nos invita a reflexionar sobre los acontecimientos, las experiencias, los sentimientos y las cosas que forman parte de nuestra vida: qué representan para nosotros, qué valor le damos a cada una de ellas y qué hemos aprendido de todas nuestras vivencias pasadas.

También nos recuerda nuestra Luz interior y cómo, gracias a ella, podremos vernos tal cual somos algún día. Al mismo tiempo, nos anima, en cada nueva etapa, a tomar las riendas de nuestra vida con alegría y serenidad.

Los legados que los Ángeles nos transmiten con su cercana presencia nos ayudan en las distintas circunstancias de la vida colaborando, con su energía, en potenciar todos los aspectos de la naturaleza humana.

SOBRE LA NAVIDAD

Mensaje de Miguel

Simbólicamente el espíritu de la Navidad significa unidad entre los seres humanos. Pero, con el tiempo, la sociedad ha ido añadiendo otro espíritu, el del consumo.

Paradójicamente a lo que pudiéramos pensar, el consumo tiene su importancia. Me explicaré: en la actualidad el mundo se mueve a través del concepto material de la pertenencia; tener «cosas» es poseer riqueza y poseer riqueza equivale a felicidad. La felicidad es un estado interior y, a través de ese sentimiento, el ser humano se vuelve generoso con los demás, manifestando su contento de la misma forma en que lo obtiene, es decir, regalando objetos, principalmente a las personas que ama. Por eso, el comportamiento consumista en estas fechas no resulta tan negativo como pueda parecer, ya que ayuda a restablecer y a renovar los vínculos afectivos entre las personas por medio de los obsequios. Algo muy importante es procurar guardar el equilibrio entre la manifestación amorosa y la exageración; no todo lo más caro es lo más valioso.

Todo aquello que sirva para unir en amoroso sentimiento a las personas es positivo para su desarrollo, siempre que en ello prime el sentir sincero carente de interés.

Disfrutad la Navidad sintiéndola como una ocasión única para demostrar a quienes os importan lo mucho que los amáis y lo mucho que os necesitáis mutuamente. Si para eso es necesario hacerlo a través de un regalo, ¡bienvenido sea!

Recordad: tan bello es recibir como entregar, si este intercambio se hace desde un amoroso y sincero corazón.

COMENTARIO: una vez más, el equilibrio parece ser el pilar fundamental para vivir una vida plena, saludable y con sentido común.

Disfrutar de las ocasiones, como la Navidad, que nos ayudan a estrechar los lazos afectivos es realmente una oportunidad para compartir lo más importante: el amor entre las personas —los regalos son lo de menos—. Un simple abrazo puede ser un maravilloso regalo, si es sincero.

SOBRE LA SIEMBRA

Mensaje de Amalur

Una vez que la «semilla» ha sido sembrada en buena tierra, el sembrador no puede prever que pájaros, gusanos u otros animales destruyan la planta cuando asome al exterior. Internamente sabe que algunos de esos frutos no llegará nunca a crecer y a desarrollarse por completo. Por tanto, solo puede hacer dos cosas: vigilar y esperar. Vigilar su tierra, cuidarla, protegerla y después esperar que fructifique.

¡Sembradores!, no esperéis que nada se pierda de aquello que sembrasteis algún día. Disfrutad de lo que crezca y olvidad por completo lo que pudo ser y no fue.

Con amor, comprensión y apoyo

Mensaje de Miguel

Hagamos del mundo un lugar para vivir, disfrutar, compartir, soñar y amar. Con el esfuerzo de todos podemos conseguirlo. Tan solo se necesita voluntad y acción, olvidándose de aquello que obstaculiza el próspero camino y confiando en las poderosas fuerzas ocultas de la Vida Universal. Todos somos parte de esa Vida, todos llevamos una pequeña porción del Potencial Cósmico Creador. Aprovechar ese gran «don» es una respuesta inteligente para la evolución humana. No os quedéis únicamente con lo negativo. Ignorad todo aquello que dificulta vuestra labor de siembra. Poned la atención en el trabajo, en la acción presente, con apertura, esperanza y alegría. ¡Confiad en que la cosecha será productiva!

Cuanto más entusiasmo ponga el sembrador, mejores serán sus frutos.

Mantener elevado el ánimo en estos tiempos difíciles es labor de luchadores, valientes y atrevidos guerreros de la Luz.

Así pues, avanzad con la guía de esta Luz y conforme caminéis podréis comprobar que la luminosidad irá en aumento porque sois vosotros mismos quienes, con vuestra propia Luz, ilumináis cada paso del sendero.

COMENTARIO: el primer mensaje de Amalur es muy claro. Nos aconseja sembrar por el mero placer de hacerlo sin expectativas de cómo será, más tarde, la cosecha.

En el segundo, Miguel también nos recuerda que somos creadores y, por lo tanto, podemos crear un mundo mejor solo con la voluntad y el esfuerzo necesario para ello. De alguna manera es lo mismo que sembrar porque con cada pensamiento, palabra o acción sembramos las semillas que algún día darán sus frutos.

¿De qué clase son tus semillas?

SOBRE EL MIEDO

Mensaje de Miguel

Todos los seres humanos, en un momento dado de su existencia, tienen un encuentro trascendente, una cita con su Ser completo. Esta fusión se lleva a cabo de forma progresiva hasta la unión total de los opuestos, hasta que la sombra pueda ver la Luz y se funda con ella. Pero mientras eso llega, tenéis ante vosotros una importante oportunidad de crecimiento personal.

De todos los acontecimientos se aprende algo, pero sobre todo de donde más sabiduría podéis obtener es de las situaciones difíciles. Cada pérdida, cada dolor trae consigo una nueva oportunidad, una opción diferente para seguir o cambiar de ruta en el camino. En el sendero de la vida van apareciendo diferentes caminantes, paisajes distintos, nuevas perspectivas. La mente se resiste a los cambios, pero el alma anhela esas vivencias, porque el cambio abre puertas al desarrollo de la conciencia y a la evolución.

El peor enemigo que encontraréis en vuestro caminar es el miedo, la más grande y poderosa emoción, fuertemente arraigada en el ser humano.

Si reflexionáis un poco sobre el miedo, os daréis cuenta de cómo controla la vida humana. Se teme a casi todo y aún más a lo desconocido, incluidos los cambios. El cambio no es malo ni bueno; se trata de algo absolutamente necesario y deberíais afrontarlo como un reto más del que salir victoriosos.

Si teméis a las nuevas situaciones que la vida trae consigo, no podréis extraer de ello la parte de sabiduría que la ocasión contiene. Pero si las enfrentáis con valentía, estaréis receptivos para poder ver con claridad los motivos que provocaron dichos cambios.

Solo un consejo más: practicad la valentía. Sed valientes en todo momento y lugar, afrontad con buen ánimo las distintas experiencias, nunca las temáis. No permitáis que el miedo bloquee vuestra mente y ate vuestras manos. Hay mucho que dar, mucho que aportar al mundo. No olvidéis que sois «guerreros», mis amados Guerreros de la Luz. Sujetad, pues, vuestras espadas flamígeras y avanzad en el camino, dejando para siempre el miedo atrás. El Universo y su Verdad os esperan.

COMENTARIO: es cierto que los cambios no nos gustan demasiado, creo que porque generalmente nos acomodamos en la rutina, en los hábitos y costumbres cotidianos con los que estamos familiarizados, aunque no sean completamente de nuestro agrado.

Todo cambio en la vida produce una alteración y esto conlleva, en cierto modo, algo de inseguridad.

A veces, cuando volvemos la vista atrás y hacemos un repaso del pasado, podemos comprobar cómo aquellos cambios de rumbo, que en algún momento de la vida tuvimos que afrontar nos regalaron una buena dosis de sabia experiencia. Cuesta desapegarse de lo conocido y esperar lo nuevo y sus efectos. Pero para ello, Miguel nos aconseja practicar la valentía, una cualidad derivada de la fe, sabiendo que todo llega por una razón. Encontrar esa razón es todo un reto al que no podemos volver la espalda, y menos por miedo.

SOBRE LA MUERTE

Mensaje de Napael

El morir, el acontecimiento mismo de la muerte, es el proceso que conduce hacia la inmortalidad del alma.

La vida humana mantiene su alma recluida, oculta, sumisa y a la espera de poder ser ella misma.

Con la muerte se revela la continuidad de la vida, al desintegrarse el vehículo opresor.

La muerte del dormido será un dulce sueño tras otro para él.

La muerte del despierto será la eterna Verdad, gozosa y sabia.

A través del tiempo el alma espera, crece y se desarrolla anhelante de entrar en contacto con todos sus vehículos de expresión. Cuando por fin lo consigue, la vida se manifiesta como una eterna y continuada prolongación, mostrándose, bella, segura y luminosa en su recorrido hacia el Supremo Origen.

COMENTARIO: en este apartado sobre la muerte, he seleccionado las lecciones que con tanto amor y dedicación compartieron conmigo Napael y Miguel.

Considero que especialmente este tema nos interesa mucho a todos, como mortales que somos, para que ayude a despejar las dudas y el miedo que trae consigo el desconocimiento de algo tan seguro e inevitable como el morir.

Sobre la frase que habla sobre la muerte del «dormido» y la del «despierto», las diferentes formas de experimentar el estado de muerte física, a mi entender, están basadas en el grado de conciencia interna que se tenga. Para el dormido, la muerte no dejará de ser «otro» sueño que sigue al anterior (a la vida). Pero el despierto, el que ha desarrollado parte de su conciencia, percibirá esta experiencia como algo verdadero, liberador y más real aún que su pasada existencia humana.

Mensaje de Miguel

La existencia es cambio continuo. La muerte es el paso natural de un estado a otro, pero la vida sigue.

Entre los seres humanos existe un temor generalizado a la muerte. Solo la palabra que la define os produce miedo e inseguridad, os causa rechazo. Sin embargo, la muerte, o dicho de otro modo, la «puerta» que separa una dimensión de otra, es la liberación del alma, el examen final, la época de descanso, el periodo de integración y aprendizaje entre vidas.

Es fácil comprender que produzca temor, ya que a la muerte, como tal, suele rodearle un entorno penoso, como la enfermedad, la decrepitud, el sufrimiento... Por desgracia, no existe información suficiente que os prepare para este acontecimiento inevitable. La sociedad la teme y la ignora hasta que su llegada, siempre inesperada, causa gran dolor por la separación y pérdida de los seres queridos. Si hubiese, en vuestras vidas, una educación sobre la muerte, se entendería este proceso natural y se perdería el miedo, por lo que os adaptaríais progresivamente cuando llegase el momento de partir. Recordad que siempre se teme lo que se desconoce.

Aunque en lo profundo, el instinto de cada persona sabe, casi con certeza, que la vida se prolonga más allá del mundo físico, se encuentra una vez más con el insalvable obstáculo del miedo, que asentado en la mente, acobarda al individuo oscureciendo la visión amplia procedente de su mente superior, en la que se vislumbra la permanencia infinita del Ser.

La muerte, o el cambio, no tiene que llegar necesariamente a través de la enfermedad y el sufrimiento. Esto ocurre en la mayoría de los casos por comportamientos equivocados, maltratos al cuerpo físico y miedos irracionales. Lo natural sería llegar a la puerta de entrada al mundo espiritual, al cambio de la forma, con serenidad y aceptación. Y digo natural porque está en vuestra naturaleza interna acceder de buen grado y voluntariamente a este otro nivel de conciencia. Vuestra alma sabe que es la hora y espera ansiosa el momento de liberarse de las ataduras de la materia y volver de nuevo al Hogar del que partió.

Con la interiorización llegaréis a percibir esta Verdad y con perseverancia alcanzaréis la preparación adecuada para cruzar esa puerta con plena conciencia y valor. Allí os esperaremos.

Es imprescindible dejar de soñar inmersos en esta existencia irreal y que consideráis única, para comenzar a valorar la verdadera enseñanza que implica vivir en esta Tierra ahora; que empecéis a conocer las respuestas a tantas cuestiones, a ver claramente que lo que os rodea es un mundo ilusorio creado por todos, a despertar la conciencia plenamente con responsabilidad y alegría, afrontando sin temor el presente y el futuro, sabiendo que todo ello forma parte del equipaje de cada uno como ser completo, sabiendo que la vida no termina, sabiendo que al final del camino a todos os esperará la Luz, la misma Luz.

Con amor y apoyo

COMENTARIO: este segundo comunicado, me lo dictó Miguel en otra ocasión. Nunca es bastante la información sobre la muerte. Los seres humanos necesitamos saber siempre más sobre este tema, para cubrir ese aspecto inevitable de la vida con el fin de mitigar el miedo que ello nos produce. La preparación para el momento de la partida es absolutamente necesaria, pero no queremos asumirlo y llenamos nuestra vida y nuestra mente de todo tipo de asuntos sin dejar espacio para la correcta visión de la muerte, que es algo tan natural como vivir.

SOBRE LA BELLEZA

Mensaje de Miguel

Al contemplar un bello cuadro, ¡qué cantidad de colores!, ¡cuántos matices distintos!, ¡qué variedad de trazos y pinceladas! Unos más gruesos, otros más finos. Cada uno de ellos va creando contornos, figuras, imágenes. Y entre todos dan forma a la pintura, plasmando en el cuadro lo que la mente del pintor había concebido con anterioridad.

El genio, el artista, se recrea en su trabajo, organizando los colores y pinceles metódicamente. Mas cuando se dispone a comenzar su labor, con todo el material a su alrededor, solo existe su mundo: el de los colores, las luces, los sombreados, los perfilados, los matices... y en él se envuelve, se integra sincronizándose con todo aquello que le ayuda a crear su gran Obra.

Cuando, una vez terminado el trabajo, su vista se recrea en el resultado final, experimenta que tanto el cuadro como las herramientas, los materiales, e incluso él mismo han formado un conjunto para llevar a cabo una magnífica creación.

¿Quién es el pintor? ¿Cuáles son los materiales? ¿Cuál es la Obra?

Hermanos míos, el bello cuadro que entre todos formáis, para regocijo de los que lo aprecian, está siendo perfeccionado con mucho esmero por el Artista Universal, para admiración y gozo de toda forma de vida.

La Obra aún no está terminada; cada día se prolonga un poco más, aumentando su belleza de líneas, formas y colores.

¿Conocéis ya cuál es vuestro trazo, sombra, luz o matiz en este infinito Cuadro Universal que es la vida? ¿Habéis sentido ya la mano del Artista?

Con amor

COMENTARIO: con solo saber mirar a nuestro alrededor, podremos comprobar la belleza del Cuadro que entre todos formamos.

Apreciar lo bello de cada objeto, criatura o circunstancia no es algo a lo que estemos habituados; todo lo contrario, se nos enseña a vivir demasiado deprisa, a hacer una cosa pensando en la siguiente, a vivir la vida sin reparar en sus detalles. De forma que pasamos la mayor parte de la existencia en la inconsciencia, actuando mecánicamente por impulsos e imitaciones. La belleza procede de lo interno y, aunque no está oculta, no se exhibe a la vista ordinaria. La belleza permanece expuesta solo para los ojos de los que la puedan apreciar y disfrutar. Aseguraría que la gran mayoría de las personas la han visto alguna vez: en los ojos de un niño, en la naturaleza, en nuestras mascotas, en las aves, en las obras de arte... en definitiva, la belleza se encuentra en todo lo creado, solo hay que saber mirar.

SOBRE LA LIBERTAD

Mensaje de Napael

Aprended a soltar. Liberad las tensiones que os atan a las personas, a las ideas, a los deseos y a las cosas.

Dad rienda suelta a vuestra propia identidad. El Ser que habita en vuestro interior es libre; no es posible atarlo porque su destino es volar y vivir la experiencia de la libertad y el libre albedrío.

Podéis volar junto a otros seres alados y libres, pero el vuelo no debe ser nunca interrumpido. Si dejáis de mover vuestras alas, caeréis en picado.

Aprended pues a volar y enseñad, con vuestro ejemplo, a otros seres. Que no os condicione nunca ni el paisaje, ni los elementos, ni la lejana meta. El vuelo comenzó cuando iniciasteis vuestra andadura; no lo frenéis ahora que estáis cerca de conseguir el rumbo correcto para volver a Casa.

Cuando llegue ese momento, vuestras alas serán fuertes
y vuestra experiencia, desde las alturas, amplia y gozosa.

Sed felices y libres

COMENTARIO: Napael nos habla sobre el desapego. El simbolismo de las alas hace alusión a nuestra verdadera Esencia interna, el alma es libre porque no se apega a nada. Contrariamente, los seres humanos nos apegamos a todo, especialmente a la propia vida, y por eso sufrimos.

La práctica del desprendimiento es difícil, porque hemos creído que tener cosas —incluidos personas, ideas, deseos y formas de pensar— nos dará la felicidad que tanto buscamos, pero cuando por fin nos damos cuenta de que no es así, sufrimos.

El sufrimiento nos ata aún más al apego, y así transcurre nuestra vida: entre el sufrimiento que causa el hecho de apegarse a las cosas y el apego al sufrimiento. Mientras tanto, nuestra verdadera naturaleza libre y feliz permanece recluida en lo más profundo de nuestro interior esperando ser liberada.

Todos vivimos prisioneros de nuestras propias personalidades, pero no olvidemos que disponemos de fuertes «alas» que pueden ser completamente desplegadas, si así lo queremos, para ascender en nuestro vuelo rumbo a la Suprema Libertad.

SOBRE LA COMUNICACIÓN CON EL MUNDO ESPIRITUAL

Mensaje de Amalur

Mis queridos hermanos, en el mundo espiritual no existen diferencias ni distintas opiniones, no existe la crítica, ni el juicio. Existe la Verdad, y esta hace referencia a la unión de todos los seres de los distintos niveles de evolución. Por este motivo no puede haber diferentes mensajes. Las diferencias las marcáis vosotros en este plano, pues tenéis tendencia a dividirlo todo, tanto a las personas como a las opiniones y a las cosas.

Es lógico que todo lo que se reciba, a través del espíritu, por distintos medios sea por lo general de la misma naturaleza, que encierre el mismo mensaje y similar información. Estos comunicados son ayudas, pequeñas o grandes ayudas, eso dependerá de quien las recoja y de lo que haga con ellas.

Los canalizadores solo son mediadores entre los distintos planos de existencia, para la comunicación entre el mundo espiritual y el humano. Estos contactos no deben buscarse para saciar la curiosidad, porque en el plano espiritual lo que cuenta es la enseñanza de la Verdad, no la ilusión superficial. La comunicación será la adecuada según las prioridades marcadas por el Orden Universal.

En el Universo existen infinidad de formas inteligentes, visibles e invisibles. Vosotros sois una de ellas; por lo tanto, no es difícil entender que entre todas estas vidas exista una vía de comunicación para relacionarnos mutuamente, que ayude a unas y a otras a avanzar por su camino de forma

151

adecuada. Sabiendo que todos tenemos la misma meta y que para llegar a ella hay que tomar la dirección correcta, durante el trayecto se hacen necesarias las indicaciones y los consejos.

Siempre han existido las manifestaciones entre los planos espiritual y humano, pero en este momento dichas manifestaciones se dan de forma más sutil porque los egos (las personas) han variado su composición energética, se están refinando y dando paso a niveles de conciencia más elevados y receptivos que en el pasado, en que los cuerpos de energía aún estaban por desarrollarse y alinearse debidamente. ¿Podéis imaginar a toda la humanidad vibrando en la misma frecuencia que el plano espiritual más inmediato? Si sois capaces de hacerlo, sentiréis que merece la pena el trabajo y el esfuerzo por aumentar las facultades y los valores espirituales así como la ayuda desinteresada al resto de los seres compañeros de viaje.

Fraternalmente

COMENTARIO: al leer este mensaje me viene a la memoria la frase que dice: *«Lo importante es el mensaje, no el mensajero».* Pero eso es algo que cuesta aplicarse. Es lógico que la enseñanza sea la misma, aunque canalizada por diferentes medios. La enseñanza es la Verdad, no importa quién la reciba, y de esta cada cual tendrá que extraer su parte, aquella que le sirva para avanzar por su sendero de evolución personal.

Las distintas religiones e ideologías han marcado las diferencias entre los seres humanos, separándolos de la Verdad. Amalur nos recuerda que esta Verdad no es otra cosa que la unidad de todos los seres, visibles o invisibles. Cuando podamos entenderlo, habremos dado un gran paso en nuestro desarrollo interior.

Sobre el camino espiritual

Mensaje de Miguel

No permitáis que el ego personal dirija vuestro destino. Sabemos que no es fácil separar la vida diaria, con sus continuas luchas de poder y supervivencia, del camino interior. Pero, aunque no sean compatibles, es importante que esa misma dualidad se mantenga equilibrada.

Para avanzar espiritualmente, han de quedar al margen los conflictos mundanos. El sendero del alma es individual, aunque se tienda a la universalidad por ser la misma enseñanza para todos. Ambos caminos, el humano y el espiritual, se complementan.

En la actualidad, estáis atravesando por un periodo delicado, por la dificultad que supone vivir en armonía entre estas dos realidades tan diferentes: la de la personalidad y la del alma. Llevará su tiempo ir acercando la una a la otra, pero no decaigáis en vuestro ánimo. Seguid intentándolo cada día.

Todas las circunstancias pueden ser cambiadas, pero siempre desde la tolerancia y la humildad, manteniendo, en cada caso, el comportamiento correcto. Siempre que dejéis hablar a vuestra alma lo conseguiréis, sin sentiros manipulados ni menos libres.

Intentad familiarizaros con la energía del alma y con su «voz», para distinguirla de entre todo el vocerío interno.

Buscad la paz, la armonía y la fraternidad entre todos los seres que conviven con vosotros. Pensad que es una gran oportunidad que os presenta la vida para acercaros a vuestra naturaleza interior, a través de otras personas. Sed conscientes de que a medida que os aproximéis al mundo espiritual, hacia la Luz, encontraréis nuevos obstáculos que os hagan dudar y desistir en el empeño para alejaros de vuestra meta. Teniendo esto en cuenta, aplicad la conciencia a cada paso que deis en el camino hacia la liberación interior.

Siempre vuestro

COMENTARIO: en todos estos años de enseñanza recibida, ha prevalecido siempre el mensaje de tomar conciencia en cada situación que la vida nos ponga por delante. Ser consciente del momento presente es básico para vivir y sentir más intensamente las experiencias. Al desarrollar la conciencia se despierta nuestra verdadera naturaleza interna, de la que con el tiempo podremos escuchar su voz, como nos dice Miguel.

La personalidad actúa mecánicamente. No es consciente, la mayoría de las veces, de lo que hace, dice o piensa. Es alocada y egoísta. Es así porque ignora en lo que podría llegar a convertirse si decidiera abandonar su lucha y se rindiera ante la sabia influencia del alma.

Esos son los dos caminos por los que transitamos cada día: el de la personalidad (formada con propósitos superficiales, de poder y egoísmo) y el camino invisible del alma (que nos llama a actuar desde lo interno a través del amor, la alegría y la fraternidad), dos caminos difíciles de conciliar si no aprendemos a utilizar la conciencia, que es la luz que precisamos para alumbrar nuestro sendero y cambiar el sufrimiento por el amor.

Sobre la crisis

Mensaje de Miguel

En estos tiempos en los que todo el mundo habla de crisis, piensa en ella y se atemoriza ante ella y su devastador futuro, sería conveniente que aprendiérais a vivir, pensar y sentir con generosidad, apertura y fe.

No todo está perdido en la sociedad humana. Es una realidad que hay mucho que trasformar, erradicar y limpiar. Pero siempre vuelve a brillar el sol tras la noche oscura y, con su luz, ilumina cualquier rincón, antes envuelto en tinieblas.

Solo una posibilidad, entre tantas, convertirá este mundo en un lugar habitable, equilibrado y justo. Esa única posibilidad se encuentra en cada uno de vuestros corazones de Luz, en el átomo divino que os anima y os mantiene ligados al Origen de todas las cosas. Cuando vuestras conciencias lleguen a descubrir ese átomo semilla que duerme en vuestro interior, se llevará a cabo la Gran Obra del Padre. A través del reconocimiento se hará la Luz en vuestro corazón, la comprensión llenará vuestra mente y tan solo podréis pensar en la unidad con todo lo creado y con todos los seres.

Porque solo por medio de la unidad podremos todos pasar a formar parte del Cuerpo Cósmico de Dios.

No es posible comprar la conciencia, no está a la venta. Para descubrir el átomo semilla en vuestro interior, nada extraño ni espectacular será preciso que suceda. Algo tan sencillo como amar sin condiciones ni egoísmos será la clave para llegar a él.

Pero no hay suficiente amor en los corazones humanos; el egoísmo supera a ese maravilloso sentimiento. Con un corazón interesado y egoísta, desprovisto de Luz, no es posible amar completa y abiertamente.

Queridos míos, desde los orígenes del ser humano, nosotros los Ángeles hemos acompañado a vuestros cuerpos y almas en su constante peregrinar por innumerables vidas. Y seguimos haciéndolo, protegiéndoos e inundando de energía amorosa vuestros corazones, llenando vuestras mentes de esperanza, proyectos e ilusiones nuevas, y todo para que algún día, cuando sea el momento, podáis reencontraros con aquel átomo semilla que nuestro Creador puso en cada una de sus creaciones. Esa semilla, llegados a la madurez, será la que os lleve de regreso a Casa. Porque a pesar del tiempo, la Luz que contiene permanece viva en vuestro interior esperando ser descubierta para esclareceros el camino de vuelta.

Mientras tanto, estaremos siempre a vuestro lado y compartiendo con vosotros todo nuestro amor.

COMENTARIO: este mensaje lo recibí en 2005, y después de ocho años transcurridos está de total actualidad.

Últimamente, la sociedad pasa por momentos críticos. Hay crisis económica, social, política, financiera, pero sobre todo de valores. Son los seres humanos los que forman las sociedades y estas se sostienen por los valores de las personas que las forman. Para disfrutar de una sociedad justa, equilibrada y pacífica primero hay que cimentarla sobre unas buenas cualidades internas basadas en la integridad de cada individuo.

El marcado egoísmo en el que el ser humano vive hace posible su falta de escrúpulos a la hora de interactuar con el resto.

No hace mucho tiempo, mi querido Miguel me decía que la clave para transformar el mundo está en cambiar el egoísmo por generosidad. Reflexionando sobre esto y viendo cómo se van desarrollando los acontecimientos en el mundo, siento que es una gran verdad. Sin egoísmo nadie sería capaz de robar a otro, sin egoísmo todos nos lo pensaríamos antes de dañar, engañar o perjudicar de alguna manera a otras personas. Porque lo contrario del egoísmo es la generosidad: aprender a dar antes que a recibir.

Dar desde el corazón es un acto generoso que ofrece como resultado el amor compasivo y desinteresado, el verdadero amor.

Si queremos tener y dejar a las futuras generaciones un mundo mejor, podemos empezar por nosotros mismos, siendo un ejemplo de amor generoso.

SOBRE LOS CAMBIOS EN EL MUNDO

Mensaje de Miguel

Ante los acontecimientos mundiales que estáis viviendo, os doy mi apoyo y mi consejo. Con vuestros medios, no podéis influir ni cambiar los planes trazados.

La evolución del ser humano está sufriendo un examen más, pero quisiera recordaros vuestra calidad de «Guerreros de la Luz», lo que significa pertenecer a la Luz, estar dentro de ella, y a la vez repartir y compartir su brillo equitativamente. Albergando en vuestro interior únicamente Luz, esta os proveerá de la calma necesaria para afrontar situaciones de conflicto.

Si tomáis la firme decisión de estar en paz con vosotros mismos, no os alterará la actitud belicista y ambiciosa de otras personas, pues comprenderéis que siguen su proceso evolutivo y que en algún momento de sus existencias recapitularán y repondrán el mal causado por error o por algún otro motivo necesario para sus vidas.

Tened siempre presente vuestra gran capacidad de amar. No caigáis en la desesperanza. La ilusión en un futuro mejor y más solidario entre los seres humanos nunca debe faltaros, pues es la fuerza que necesitaréis para seguir avanzando en la continua lucha de egos a la que os veis sometidos diariamente.

Ahora empieza el verdadero trabajo como «guerreros». Un trabajo de distribución del amor incondicional, un trabajo de autodescubrimiento del Ser por encima del humano, un trabajo para recordar a todos vuestros hermanos el maravilloso tesoro que habita en ellos, un trabajo de vinculación interna que haga aflorar la suficiente energía que os permita seguir adelante.

Llegan momentos probatorios para los «guerreros de la Luz». Por eso, hoy quisiera alentaros a continuar luchando en paz sin desfallecer, a seguir por el pedregoso camino cotidiano. No olvidéis que tras cada tempestad llega la calma, siempre ha sido así. Mas no permitáis que la tempestad anide en vuestros corazones; protegeos bien cubiertos y esperad que pase sin apenas mojaros.

Para una mejor colaboración con el Plan Divino, practicad el desapego cada día. La Vida es Una y eterna; por tanto, no os aferréis a nada, todo forma parte de la Unidad, incluidos vosotros.

Juntos lucharemos desde la calma, con la espada de Luz, por la unidad, la paz y el amor universal, con la esperanza puesta en un futuro solidario y justo, compartido con amor entre todos los seres.

Siempre vuestro

COMENTARIO: este mensaje es un recordatorio de nuestra verdadera naturaleza. Somos seres de Luz, creadores y pacíficos. Los Guerreros de la Luz, en su batalla, iluminan las sombras. Hacen brillar, con su resplandor, el de otros corazones aún dormidos. Pero para este bonito trabajo es necesario tener la fuerza suficiente para no desfallecer en el primer intento y gran cantidad de calma para permanecer inmutable ante las adversidades.

Ser un guerrero de la Luz es un alto honor al que todos podemos aspirar si lo deseamos de corazón.

Los Guerreros de la Luz

Mensaje de Miguel

Paz en vuestros corazones.

Los seres humanos saben hacer muchas cosas para unirse y compartir, solo es necesario que olviden para siempre los resentimientos, las desigualdades, el miedo, el odio, el egoísmo y la violencia, y un largo camino se abrirá ante la humanidad, un camino donde la raza se engrandecerá y brillará desde lo más profundo con una nueva Luz. Porque Luz es lo que necesita vuestro mundo para poder distinguir claramente el camino que debéis seguir, para cambiar de actitudes, de pensamientos y de comportamientos.

El recorrido es largo pero no hay fecha fija para llegar al destino, y mientras ese gran momento se aproxima, los actos y encuentros sinceros y solidarios irán allanando el tortuoso sendero de la vida para que se vuelva más transitable e incluso sea agradable caminar por él.

Fuerza y paciencia, junto con una gran dosis de buena voluntad, es lo que necesitaréis para seguir en la batalla de la vida brillando como Guerreros de la Luz.

COMENTARIO: el grado de Guerrero de la Luz es algo que se gana con esfuerzo y voluntad de servicio. El alma del Guerrero está siempre activa y vigilante para ponerse en acción ante cualquier cambio.

En nuestro tránsito por la vida nos encontraremos con los acontecimientos y con las personas adecuadas que nos propicien los cambios de actitud para pasar de ser un ser humano común a un Guerrero de la Luz. La responsabilidad de este nuevo estado es grande pero también es inmensa la satisfacción de cumplir con un deber interno. Ser Guerrero supone no abandonar nunca la «espada» con la que batallar diariamente abriéndonos paso a través del miedo, la injusticia y el dolor. Esta espada luminosa aporta equilibrio, justicia y paz, nunca hiere ni mata. El que la esgrima deberá ser más justo, compasivo y ecuánime.

Mente Universal y mente humana

Mensaje de Miguel

En esta ocasión voy a contaros algo que probablemente os induzca a pensar y quizás pueda aclarar algún concepto.

La mente humana es lo más delicado, grandioso y complicado que existe en el Universo.

La Mente Universal es infinita, nos une a todos los seres y criaturas vivientes. Un átomo de esta Gran Mente se encuentra en cada uno de los seres vivos. Los seres humanos también estáis conectados a ella por medio de vuestra «pequeña porción».

Esta Gran Mente contiene toda la sabiduría pasada, presente y futura. La dosis de información que recibe cada «porción» de mente humana varía según la evolución del alma del individuo.

Si la persona, por medio de una existencia adecuada en armonía con sus cuerpos sutiles y con su alma, se pone en contacto con su «porción» de Mente Universal, recibirá aquella información que sea valiosa para ella en ese momento. Así mismo, si lo desea, podrá compartir esta información con otros. Pero se trata solo de compartirla, no de dogmatizar con ella, ya que esta misma información puede ayudar a algunos, dejar indiferentes a otros e incluso confundir a muchos más.

Cada ser humano vibra con una frecuencia y con un ritmo acorde con su evolución. Si reflexionáis sobre esto, comprobaréis que en la actualidad existe gran cantidad de individuos con diferentes niveles vibratorios. Si todos ellos recibieran la misma información de su Mente Universal, el mismo concepto, la misma idea, cada cual, una vez filtrada y descifrada por su mente inferior, la transmitiría de distinta manera. Y aunque el concepto básico siga siendo el mismo, ninguna sería exactamente igual. Esto explicaría por qué algunas personas se sienten desorientadas al recibir diferentes tipos de información sobre un mismo tema a través de distintas fuentes.

La Mente Universal expone un solo concepto de la idea base, pero al ser recibido y descifrado por cada una de las «porciones» que forman la mente inferior, se pierde o se desvirtúa ese concepto, variando este según las creencias y forma de ser y sentir de aquel que lo recibe. También existen problemas físicos y trastornos mentales que algunos pueden padecer sin saberlo, llegando a ver, sentir y creer cosas que solo son disfunciones de su mente inferior. El deseo y la obsesión contribuyen negativamente en estos casos, porque permiten construir una fantasía imaginaria. ¿Con qué finalidad? Los interrogantes de la mente son muchos, a veces por unas causas y a veces por otras pero todas derivadas del miedo: miedo a ser ignorado, miedo a no ser valorado lo suficiente, miedo a la realidad de la propia existencia, miedo al futuro, miedo a la muerte... Todas estas y algunas más, son las causas de que la mente inferior comience, por puro instinto, a fabricar un universo de fantasía, aunque en ocasiones coincida con el verdadero.

Sin embargo, ¿qué es lo verdadero? Esto es sencillo, pero a la vez complicado de entender. Lo verdadero es toda manifestación individual de existencia física, psíquica y espiritual.

Y, mientras la Mente Universal habla sobre el amor incondicional y promueve la unidad de todos los seres con el Todo, la mente inferior al manifestar esta Verdad se basa en los condicionamientos de su propia personalidad.

Por eso es importante que cada persona que busca algo más en su vida se apoye en otras que quizás han empezado antes que ella esta andadura de búsqueda espiritual, para que le ayuden o enseñen cómo hacerlo.

Pero, por encima de todo, todo ser humano que busque respuestas y sinceramente las quiera encontrar las hallará únicamente a través de su propio esfuerzo, dedicación y experiencia. Con todo esto llegará a la Verdad, aquella que contiene su átomo semilla de Mente Universal y que su mente inferior y su personalidad tanto necesitan para crecer espiritualmente.

Siempre vuestro

Epílogo

Los Ángeles han cambiado mi vida y mi forma de ver al mundo y a las personas. Pero los cambios no son rápidos, precisan un tiempo de maduración e integración. La paciencia, en estos casos, es esencial. No es preciso ser una persona extraordinaria ni con dotes especiales para llegar a contactar con los Ángeles. Basta con tener voluntad de ser cada día un poco mejor, tratar de conocerse honestamente y en profundidad, observar, reflexionar, meditar, respetar a los demás y ponerlo todo en práctica, por el bien de uno mismo y para el beneficio de la humanidad.

Es muy importante tratar de mantener un sano equilibrio entre estas dos realidades: la humana y la divina. No resulta tarea fácil, en un mundo materialista y competitivo; sin embargo, saber diferenciar estos dos mundos es básico para conseguir la armonía interior. Ni todo es materia ni podemos tampoco darle la espalda a este mundo y vivir únicamente la espiritualidad. Si estamos en este planeta es para manifestar la supremacía del espíritu a través de la forma material, para llevar con el ejemplo un mensaje de fraternidad y amor a nuestros semejantes, para establecer vínculos entre todos los seres y llegar a sentirnos parte de la gran familia humana.

Todos podemos ser útiles, todos podemos colaborar con el Plan Universal, un Plan que trata de unir a los seres humanos y mostrarles el único camino de regreso al «Hogar» a través del redescubrimiento de su verdadera naturaleza divina. No importa tu ideología, ni tu raza, ni tu sexo, solo es necesario aprender a mirar en el interior. Allí se encuentra todo lo que necesitas.

Afortunadamente, en mi camino, he tenido la gran suerte de encontrarme con personas maravillosas que siempre han colaborado conmigo voluntariamente, ayudándome en todos mis proyectos. Este tipo de personas, que todos conocemos alguna vez, son como Ángeles en la Tierra, y también gracias a ellos vamos avanzando sabiendo que nunca estamos solos.

Al concluir este libro, mi único deseo es que pueda servir de ayuda a aquellos que, como yo, han emprendido el largo camino de búsqueda interior. Estas son algunas de mis experiencias particulares. Cada persona tiene las suyas propias; únicamente de ellas deberá aprender, el resto solo son pequeños aportes de luz en su camino.

Imparto talleres a grupos para conocer el mundo de los ángeles. Si estás interesado ponte en contacto conmigo, me desplazo hasta tu localidad.

Estos talleres son gratuitos, (solo gastos de transporte y alojamiento).

Información: mividaconlosangeles@gmail.com

Índice